새신자 에센스 1

# 새신자 에센스 1

## 새신자 정착과 양육 편

**지은이:** 이규학
**펴낸이:** 원성삼
**책임편집:** 이보영
**펴낸곳:** 예영커뮤니케이션
**초판 1쇄 발행: 2016년 8월 3일**
**출판신고 1992년 3월 1일 제2-1349호**
**136-825 서울시 성북구 성북로6가길 31**
**Tel (02)766-8931 Fax (02)766-8934**

**ISBN 978-89-8350-850-5 03230**

정가 **10,000**원
www.jeyoung.com

이 도서의 국립중앙도서관 출판예정도서목록(CIP)은 서지정보유통지원시스템
홈페이지(http://seoji.nl.go.kr)와 국가자료공동목록시스템(http://www.nl.go.
kr/kolisnet)에서 이용하실 수 있습니다.(CIP제어번호: CIP2016017041)

모든 인간은 하나님의 형상을 닮은 존엄한 존재입니다. 전 세계의 모든 사람들은
인종, 민족, 피부색, 문화, 언어에 관계없이 존귀합니다. 예영커뮤니케이션은 이러
한 정신에 근거해 모든 인간이 존귀한 삶을 사는 데 필요한 지식과 문화를 예수
그리스도의 사랑으로 보급함으로써 우리가 속한 사회에 기여하고자 합니다.

누구나 쉽게 배울 수 있는 새신자 신앙양육 교재

**1**

▶ 새신자 정착과 양육 편 ◀

# 새신자 에센스

이규학 지음

신앙의 바른길로 인도하는 안내서

예영커뮤니케이션

# 머리말

내 평생 소원은 푸른 초장 맑은 시냇가에서 맘껏 풀을 뜯으며 자라나는 양떼를 바라보는 것입니다. 갓 태어난 양들이 건강하게 자라나는 것을 보면 기쁘기 한이 없습니다.

새신자 정착은 교회에서 전도와 더불어 가장 중요한 사역입니다. 한국 교회의 새신자 정착률이 평균 20%라고 합니다. 목회 사역을 시작하면서 "겨자씨" 성경공부반을 개설하였고, 15년 동안 새신자 정착과 양육 사역을 했습니다. "겨자씨"를 보완한 "새신자 길라잡이"로 새신자 정착과 양육을 시작한 지가 벌써 15년이 흘렀습니다.

30여 년의 목회 사역을 전도와 새신자 양육에 집중했습니다. 그 결과 새신자들이 정착하여 교회의 리더가 되었고, 우리 교회는 인천의 대표적인 교회로 성장했습니다. 본서는 30여 년의 새신자 사역을 바탕으로 『새신자 길라잡이』를 21세기 목회 현장에 적합하게 수정보완하여 새신자 정착과 양육을 하기 위해 만들어졌습니다.

새신자 정착과 제자화를 통한 조국 교회의 새로운 부흥을 꿈꾸며

2016년 7월
이규학 감독

# 본 교재의 효과적 활용

## ■ 이런 특징이 있습니다

본 교재는 본인이 목회를 시작하고 지금까지 30여 년 동안 새신자 정착과 양육을 위해 가르치고 훈련한 내용의 결정판입니다.

본 교재의 공통분모는 교회론과 구원론입니다. 선교 단체는 구원의 확신은 많이 강조하지만 교회론이 취약하고, 교회는 교회론에 충실하지만 구원론이 미진합니다. 본 교재는 교회론과 구원론을 다루고 있습니다. 새신자들이 구원의 확신을 얻고 제자로 양육되는 데 유용할 것입니다.

본 교재는 소주제에 따른 핵심 성경을 본문에 제시하고 그 본문 성경을 해설해 나가는 방법을 택했습니다. 이렇게 한 것은 "성경이 성경을 해석한다."라는 기본 명제에 충실하여 새신자들이 처음부터 하나님의 말씀을 직접 대하면서 구원에 이르기를 바랐기 때문입니다. 각 주에 나오는 성경 구절도 참고하면 큰 도움이 될 것입니다. 또한 인도자를 위해 인도자 참고를 넣었습니다.

## ■ 이렇게 구성되어 있습니다

1. 총 16과로 구성했습니다.

2. 소제목 : 전체 내용을 소제목으로 구분했습니다.

3. 본문 성경 : 소제목에 합당한 성경 구절입니다.

4. 본문 성경 해설 : 새신자의 입장에서 해설했습니다.

5. 각주 성경 : 본문을 해설하는 중에 참고한 성구입니다.

6. 함께 나눔 : 소그룹 토론 주제입니다.


## ■ 이런 용도로 적당합니다

1. 새신자를 정착시키고 양육합니다.

2. 청장년, 대학부 양육용입니다.

3. 소그룹 성경공부로 사용할 수 있습니다.

4. 새신자들이 혼자 읽고 공부하기 쉽습니다.


## ■ 이렇게 사용하면 좋습니다

1. 본문 성경은 학생들이 함께 읽도록 합니다.

2. 인도자는 해설을 중심으로 소주제를 설명합니다.

3. 함께 나눔으로 소그룹 토론을 합니다.

4. 한 주에 한 과가 기준입니다.

5. 한 과는 1시간 내외입니다.

# 차례

새신자
정착과 양육

# 새 신 자
## 정 착 과  양 육

# 1과
## 우리 교회에는          가 있습니다

"교회" 하면 떠오르는 생각을 적어 볼까요?

("예문"을 참고하세요.)

하나님, 예수님, 아브라함, 친구, 기도,

성경책, 천국, 지옥, 솔로몬, 기타.

기록한 것을 함께 나누어 봅시다.

## 1. 우리 교회에는 사랑이 있습니다

당신은 70억 인구 중 단 하나뿐인 존귀한 존재로 사랑받기 위해 태어났습니다. 사랑은 나눌수록 커집니다. 우리 교회에는 참 사랑을 주는 분들이 있습니다. 세상은 당신을 외모나 능력으로 평가하고 사랑하지만 하나님은 당신을 무조건 사랑하십니다. 하나님께서 심혈을 기울여 당신을 창조하셨기에 당신의 존재 자체만으로 사랑받기에 충분합니다. 참사랑을 함께 나누고 싶습니다. 환영하고 사랑합니다.

## 2. 우리 교회에는 행복한 가정이 있습니다

우리 교회에 다니는 분들은 모두 행복한 가정을 이룹니다. 교회에 다니면 하나님께서 은혜를 주시기 때문에 평화를 누리고, 기쁨을 회복하며, 가정생활도 점점 나아지고, 정신적으로나 육체적으로도 건강해집니다. 교회에 다니면 자녀들이 좋은 친구를 사귀고, 성격도 좋아지며, 넓은 세상과 만나는 기회를 갖고, 재능을 발휘할 기회가 많아지면서 전문성도 기를 수 있습니다.

### 3. 우리 교회에는 아름다운 예배가 있습니다

우리 교회의 예배에는 기쁨과 감격이 있습니다. 천사들의 찬양이 있으며, 풍성한 말씀이 있습니다. 우리 교회에서 예배드리는 모든 분은 예배 시간에 하나님을 만나고, 하나님 나라를 맛보며, 하나님 은총을 직접 경험하는 감격을 누립니다. 하나님을 만나면 인생의 모든 문제가 해결되고 방황이 끝납니다. 우리 교회의 예배를 통해 인생의 풍요를 맛보시기를 권합니다.

### 4. 우리 교회에는 응답받는 기도가 있습니다

기도는 하나님께서 우리 성도에게 주신 최고의 선물입니다. 성도들은 기도를 통해 하나님과 만납니다. 기도를 통해 여러 문제를 해결받습니다. 기도를 통해 병고침을 받습니다. 기도를 통해 내적치유와 영육 간의 회복을 체험합니다.

## 5. 우리 교회에서는 꿈과 비전을 찾아 줍니다

당신의 꿈과 비전은 무엇입니까? 비전을 아는 사람과 모르는 사람의 인생은 큰 차이가 납니다. 목적지가 있는 사람은 목적지를 향해 갑니다. 목적지 없이 출발하면 남보다 부지런히 가도 결국은 방황합니다. 비전과 꿈을 알아야 인생의 방랑을 줄이고 자신의 역량을 키워 전문가로 성공할 수 있습니다. 우리 교회는 당신에게 꿈과 비전을 알려주는 멋진 곳입니다.

## 6. 우리 교회에는 평생 멘토가 있습니다

가끔은 어디로 가야 할지, 무엇을 해야 할지 방황한 적이 있을 것입니다. 누구에게인가 도움을 청하고 싶었을 때가 있었을 것입니다. 그때 도움을 받았다면 실수를 줄이고, 지금보다 나은 환경에 있었을 수도 있습니다. 내가 방황하고 고민할 때 나를 도와줄 수 있는 사람이 멘토입니다. 당신에게 도움을 줄 수 있는 멘토가 교회에 있습니다. 교회의 멘토는 특별합니다. 멘토 자신의 수고와 더불어 하나님께 기도함으로 여러분의 인생을 도울 수 있습니다.

## 7. 우리 교회에서 **내 재능**을 알 수 있습니다

당신에게는 남보다 잘할 수 있는 것, 보람을 갖고 할 수 있는 것, 자랑스럽게 할 수 있는 것이 있습니다. 모든 사람에게는 다른 사람에게는 없거나, 아주 잘할 수 있는 특별한 재능이 반드시 한두 가지가 있습니다. 단지 발견하지 못하고 있을 뿐입니다. 우리 교회에 오시면 자기 재능을 알 수 있고, 재능을 펼치고 봉사할 수 있는 기회가 있습니다. 재능 계발과 봉사를 통해 한 분야의 탁월한 전문가로 성장해 갈 수도 있습니다. 당신의 귀한 재능을 맘껏 펼칠 수 있게 되시기를 기대합니다.

## 8. 우리 교회에는 **좋은 친구**가 있습니다

친구란, 온 세상 사람이 내 곁을 떠났을 때, 여전히 나를 찾아오는 사람입니다. 친구는 당신의 인생에 힘이 되는 존재입니다. 하지만 진정한 친구를 만드는 것이 쉽지만은 않습니다. 교회에는 사랑이 있습니다. 아무 조건없이 사랑을 주는 곳에서 만난 친구야말로 진정한 친구가 아닐까요? 당신도 교회에서 조건 없는 사랑을 주는 '절친'이 될 수 있고, 만날 수 있습니다.

## 9. 우리 교회에는 도우미 분들이 계십니다

교회에는 목사님, 전도사님을 비롯한 성직자들과 평신도 지도자들인 장로님, 권사님, 집사님들이 계십니다. 그리고 각 부서를 맡으신 분들도 계십니다. 이분들은 한결같이 성도님들이 필요할 때 심방을 하시거나, 상담을 하시거나, 기도로 도와주시는 분들입니다. 도움이 필요할 때는 언제든지 말씀하시면 됩니다. 성도님들도 자기가 원하는 부서에서 봉사하실 수 있습니다.

## 10. 우리 교회에는 편의시설이 있습니다

우리 교회의 각종 편의시설을 소개합니다. 예배당은 예배를 드리는 곳이고, 유아실은 아이들과 함께 오는 분들을 위한 예배 장소이며, 식당은 식사와 더불어 교제를 나누는 곳입니다. 이 시간이 끝나면 교회 시설을 돌아보고 이용하는 방법을 소개해 드리겠습니다.

## 11. 우리 교회에는 ＿＿＿＿＿도 있다

우리 교회는 하나님께서 세우신 참 좋은 교회입니다. 우리 교회에는 위의 소개한 것들 외에도 좋은 것이 많습니다. 성도님께서 우리 교회에 오셔서 함께 신앙생활하게 돼서 참 기쁘고 감사합니다. 교회에 대해 궁금한 것이나 기도 부탁이 있으시면 언제든지 말씀해 주세요.

### 함께 나누어요

1. 첫 시간을 보낸 소감을 함께 나누어 봅시다.

2. 우리 교회에 대한 첫 이미지와 느낌을 나누어 봅시다.

3. 풍성한 나눔을 위해 다음 과를 읽어오시기 바랍니다.

# 2과
# 성경 말씀을 믿습니다

**디모데후서 3:15-16** 또 어려서부터 성경을 알았나니 성경은 능히 너로 하여금 그리스도 예수 안에 있는 믿음으로 말미암아 구원에 이르는 지혜가 있게 하느니라 모든 성경은 하나님의 감동으로 된 것으로 교훈과 책망과 바르게 함과 의로 교육하기에 유익하니

지구촌 6,000여 부족이 애용하는 책이 있습니다. 1,600여 개 나라의 언어로 번역되었습니다. 인류 역사상 가장 많이 만들어진 책이기도 하지요. 세상에서 가장 많은 사람에게 사랑받는 책입니다. 아울러 미움도 가장 많이 받았던 책이기도 하고요. 사람들은 이 책을 읽고 감동을 받으며, 진리와 생명을 찾았습니다. 바로 성경입니다.

## 1. 성경에 관한 기본 상식

성경은 약 1,500년 동안 40여 명의 저자가 기록한 66권의 책을 한 권으로 묶어 놓은 것입니다. 성경은 크게 구약과 신약으로 구분됩니다. 구약 성경은 예수님께서 세상에 오시기 전에 기록한 성경을 말합니다.[1] 예수님께서 태어나신 해를 기원 1년이라고 합니다. 예수님의 탄생을 기준으로 기원 전(B.C./before Christ)과 후(A.D./Anno Domini)로 구분됩니다.

구약 성경은 모세가 기록한 "창세기"에서 시작하여 말라기 선지자가 기록한 "말라기"까지 39권으로 구성되어 있습니다. 구약 성경은 대부분 이스라엘 민족이 사용하던 고대 셈어계의 히브리어로 쓰였습니다. 신약 성경은 예수님께서 이 세상에 오신 후, 예수님의 가르치심과 하신 일을 기록한 책으로 모두 27권으로 이루어져 있습니다. 신약 성경은 예수님 당시의 로마 세계가 쓰던 희랍어로 기록되었습니다.[2]

---

**1**   예수님께서 태어나신 해를 기원 1년이라고 합니다. 예수님의 탄생을 기준으로 기원 전(B.C./before Christ)과 후(A.D./Anno Domini)로 구분됩니다.

**2**   성경에 대한 기본 상식
① 성경이 기록된 연대 : 구약 성경은 모세가 창세기를 기록하면서 시작하여 말라기 선지자가 말라기를 기록한 것으로 끝이 납니다. 이 시기를 대략 주전 1400-500년간으로 보면 구약 성경은 약 1000년 동안 기록되었습니다. 만일 욥기를 욥이 기록했다면 욥은 아브라함과 비슷한 시기의 인물이므로 그 연대는 주전 2000년경으로 소급될 것입니다. 신약 성경은 주님이 부활하신 후 갈라디아서부터 기록되기 시작하여 주후 95년 경에 요한계시록이 마지막으로 기록되었습니다.

## 2. 성경은 하나님의 말씀입니다

**디모데후서 3:16** 모든 성경은 하나님의 감동으로 된 것으로 교훈과 책망
과 바르게 함과 의로 교육하기에 유익하니

성경은 하나님의 성령으로 감동받은 사람들이 기록했습니다.
1,500년 동안 40여 명이 기록한 책의 내용이 완전한 일관성을 유지한
다는 것은 하나님께서 친히 간섭하셨기에 가능한 일입니다. "하나님
이 이르시되 빛이 있으라(창 1:3)", "하나님이 그들에게 복을 주시며 이
르시되 생육하고 번성하여(창 1:22)", "하나님이 그들에게 복을 주시며
하나님이 그들에게 이르시되 생육하고 번성하여 땅에 충만하라, 땅
을 정복하라, 바다의 물고기와 하늘의 새와 땅에 움직이는 모든 생물
을 다스리라 하시니라(창 1:28)." 그래서 성경에는 "하나님께서 말씀하시
기를", "여호와께서 말씀하시되", "주께서 이르시되" 등의 하나님께서
친히 말씀하신 증거가 곳곳에 나타납니다.

---

② 성경 번역본 : 구약은 히브리어와 아람어, 신약은 헬라어로 기록된 성경은 현재
1,600개 이상의 언어로 번역되었습니다. 지금 이 시간에도 세계 미전도 부족들을 대
상으로 한 '성경번역선교회' 소속 선교사들이 성경을 번역하고 있습니다. 성경번역 선
교사들은 문자가 없는 부족들에게 문자를 만들어 성경을 번역해 주고 있습니다.
③ 성경의 저자들 : 성경은 1500년간 40여 명의 저자들이 기록했는데, 저자들의 직업
은 왕, 선지자, 목자, 농부, 관원, 제사장, 어부, 세리, 사사, 신학자, 의사 등으로 매우
다양하였습니다. 그 사람들이 하나님의 신에 감동되어 성경을 기록했습니다.

### 3. 성경은 사람을 구원에 이르게 합니다

**디모데후서 3:15** 또 어려서부터 성경을 알았나니 성경은 능히 너로 하여금 그리스도 예수 안에 있는 믿음으로 말미암아 구원에 이르는 지혜가 있게 하느니라

하나님께서 1,500년이라는 오랜 시간을 거쳐 우리에게 성경을 주신 목적이 무엇일까요? 성경이 기록된 목적은 사람으로 하여금 예수를 하나님의 아들이고, 세상을 구원하는 구세주로 믿어 구원을 얻게 하기 위함입니다.[3]

구원을 얻는다는 것은 유한한 생명을 지닌 인간이 영원한 생명을 얻는다는 것입니다. 사람 앞에 구원을 얻을 수 있는 방법은 오직 한 가지입니다. 예수를 믿는 믿음뿐입니다.

사람은 구원을 얻어야 살아갈 수 있고 구원을 얻어야 영생할 수 있습니다. 성경은 구원에 대해 포괄적으로 가르칩니다. 질병에서 해방되는 것도 구원이고, 가난에서 해방되는 것도 구원이며, 몸의 구속 상태에서 해방되는 것도 구원입니다. 그러나 성경에서 말하는 가장 중요한 구원은 죄에서 해방되는 것입니다. 죄로부터 해방은 예수를 믿

---

**3** 요한복음 20:31 "오직 이것을 기록함은 너희로 예수께서 하나님의 아들 그리스도이심을 믿게 하려 함이요 또 너희로 믿고 그 이름을 힘입어 생명을 얻게 하려 함이니라"

음으로써만 가능합니다.


### 4. 성경은 성도의 삶을 인도합니다

**디모데후서 3:16** 모든 성경은 하나님의 감동으로 된 것으로 교훈과 책망
과 바르게 함과 의로 교육하기에 유익하니


성경은 사람이 구원에 이르게 하는 것으로 그치지 않습니다. 먼저
성경은 구원받은 성도가 하나님 앞에서 어떻게 살아야 하는지를 가르
칩니다. 성경의 교훈은 세상의 교훈과 같지 않습니다. 성경의 교훈에
는 그 자체에 생명력이 있어서 사람들에게 충만한 생명을 줍니다. 성
경의 교훈을 받아서 산다는 것은 곧 하나님의 가르침을 따라 사는 것
입니다. 그런데 성도가 하나님의 뜻을 따라 살지 못할 경우에 성경은
책망합니다. 말씀을 통해 성도에게 하나님의 뜻을 따라 바르게 살라
고 경고하는 것이지요. 책망해도 듣지 아니하면 성도를 바르게 해야
합니다. 바르게 한다는 것은 굽은 것을 바로 편다는 의미입니다. 굽은
것이 바로 펴지려면 상당한 아픔이 따릅니다. 이는 결국 하나님께서
성도를 사랑하사 베푸시는 징계를 의미합니다. 징계를 해서라도 바
른 길로 가게 하는 역사가 하나님의 역사요, 이 하나님의 역사하심을
신속히 알려 주는 것이 곧 성경 말씀인 것입니다. 회개하고 바른 길로

돌아온 자녀를 향해 하나님께서는 다시금 의로 교육하십니다.

성경말씀을 벗어난 모든 행위는 죄입니다. 사람은 태어나면서부터 죄인이기 때문에[4] 말씀과 관계없이 스스로 알아서 행하는 것은 대부분 죄입니다. 따라서 성도는 성경을 부지런히 배우고 읽어야 합니다. 초대 교회의 베뢰아 사람들은 하나님의 말씀을 참으로 간절한 마음으로 받았습니다. 그리고 그들은 날마다 성경말씀을 배우고 따르고자 하는 진지함의 본을 보였습니다.[5]

## 5. 성경 연구의 축복

### (1) 원수를 이기며 스승을 능가하는 지혜를 얻습니다

**시편 119:98** 주의 계명들이 항상 나와 함께 하므로 그것들이 나를 원수보다 지혜롭게 하나이다

인생을 살아가는 데 가장 필요한 것이 지혜입니다. 솔로몬의 정성

---

**4** 로마서 3:23 "모든 사람이 죄를 범하였으매 하나님의 영광에 이르지 못하더니"
**5** 사도행전 17:11 "베뢰아에 있는 사람들은 데살로니가에 있는 사람들보다 더 너그러워서 간절한 마음으로 말씀을 받고 이것이 그러한가 하여 날마다 성경을 상고하므로"

어린 예배에 감동하신 하나님께서 솔로몬에게 무엇이든 구하라고 했을 때 솔로몬은 오직 지혜만을 구했습니다. 많은 이들이 지혜를 얻으려고 학문을 배우거나 명상을 합니다. 참 지혜를 얻으려면 성경을 연구하면 됩니다.

### (2) 죄악을 이기는 힘을 얻습니다

시편 119:101 내가 주의 말씀을 지키려고 발을 금하여 모든 악한 길로 가지 아니하였사오며

죄는 무서운 능력이 있습니다. 사람은 죄 때문에 하나님과 멀어지고, 죄 때문에 사람들과의 관계가 나빠지며, 죄 때문에 병들고, 죄 때문에 망합니다. 죄는 사람을 사망으로 인도합니다. 성경 말씀만이 죄를 억제하고 죄의 사슬을 끊습니다.

### (3) 환난과 우환에서 구원을 얻습니다

시편 119:143 환난과 우환이 내게 미쳤으나 주의 계명은 나의 즐거움이니이다

인생길을 가노라면 곳곳에 환란이 있습니다. 환란을 당할 때 성경

을 읽으면 육신의 치료와 영혼의 평화가 임하면서 환란을 이기는 힘
과 지혜를 얻습니다. 환란을 이기면서 점점 그리스도의 형상을 닮아
가는 것입니다.

**(4) 감사와 기쁨이 넘치는 삶을 살게 됩니다**

**시편 119:164** 주의 의로운 규례들로 말미암아 내가 하루 일곱 번씩 주를
찬양하나이다

사람들은 동일한 사건과 동일한 환경에서도 어떤 사람들은 감사하
고, 어떤 사람들은 불평하고, 어떤 사람들은 원망하고, 어떤 사람들은
절망합니다. 감사가 인생을 즐겁고 기쁘게 사는 원동력입니다. 말씀
이 마음에 임하면, 감사와 기쁨이 찾아옵니다.

6. 성경을 효과적으로 읽으려면

(1) 성경 구입은 이렇게 하십시오
성경 찬송가는 교회에서 추천하는 것으로 구입하는 것이 좋습니다.

### (2) 성경의 차례와 약자를 기억하도록 합시다

신구약 성경의 차례와 약자를 기억하고, 장·절을 찾는 법도 배웁시다. 초신자들의 경우는 창세기부터 읽는 것보다 마태복음부터 읽도록 하는 것이 좋습니다.[6]

### (3) 진리를 찾는 목마름으로 성경을 읽으십시오

**사도행전 17:11-12** 베뢰아에 있는 사람들은 데살로니가에 있는 사람들보다 더 너그러워서 간절한 마음으로 말씀을 받고 이것이 그러한가 하여 날마다 성경을 상고하므로 그 중에 믿는 사람이 많고 또 헬라의 귀부인과 남자가 적지 아니하나

성경은 하나님의 말씀이며 진리입니다. 진리는 찾는 사람에게만 나타납니다. 진리를 찾겠다는 자세 없이는 성경을 많이 읽어도 별 유익이 없습니다. 진리가 사람을 살리고 사람을 풍성하게 합니다. 진리가

---

**6** 바람직한 성경 읽기의 순서 – 성경을 차근차근 읽어 가기 위한 규칙이 정해진 것은 아니지만 초신자들의 경우는 신약 성경의 복음서부터 읽기 시작하는 것이 좋습니다. 4복음서를 읽는 후 사도행전과 서신서 순으로 읽어 가면 좋습니다. 구약은 신약을 다 읽은 후에 차례로 읽는 것이 좋습니다. 읽을 때 절이나 장으로 구분하여 읽기보다는 성경 한 권을 읽는 것이 가장 바람직합니다. 한 권씩 읽기가 너무 벅찰 경우는 2회나 3회로 나누어 읽어도 좋습니다.

사람을 성숙하게 합니다. 진리가 사람을 거룩하게 합니다. 진리가 사람을 예수 그리스도의 형상까지 이르도록 합니다.

### (4) 말씀에 순종하겠다는 마음으로 읽습니다

**사무엘상 3:10**  여호와께서 임하여 서서 전과 같이 사무엘아 사무엘아 부르시는지라 사무엘이 이르되 말씀하옵소서 주의 종이 듣겠나이다 하니

성경을 읽는 목적은 말씀에 순종하기 위함입니다. 성경을 많이 아는 것이 중요한 것이 아니라 말씀에 순종하는 것이 중요합니다. 말씀 하나하나를 소중히 여겨 순종하십시오.

### (5) 즐거움으로 읽으십시오

**시편 119:14**  내가 모든 재물을 즐거워함같이 주의 증거들의 도를 즐거워하였나이다

처음부터 성경을 즐겁게 읽는 것은 무리일 수도 있습니다. 그러나 읽다 보면 성경보다 즐거운 책은 없습니다. 참으로 성경은 생명을 풍성하게 하고, 마음을 평온하게 하며, 유쾌하게 합니다.

### 함께 나누어요

1. 성경을 알기 전 성경에 대한 생각과 지금의 생각을 나눕시다.

2. 성경을 통해 얻을 수 있는 유익을 함께 이야기해 봅시다.

3. 하루 중 규칙적으로 성경을 읽을 시간과 장소를 정해 봅시다.

4. 성경을 효과적으로 읽기 위한 방법을 써 보세요.

# 3과
# 창조주 하나님을 믿습니다

**전도서 12:13** 일의 결국을 다 들었으니 하나님을 경외하고 그의 명령들을 지킬지어다 이것이 모든 사람의 본분이니라

한 번 산다고 해서 일생(一生)이라고 합니다. "노세 노세 젊어서 놀아, 늙어지면 못노나니…."라는 가락에 흥겨워하며 어깨춤을 추는 나이 든 사람들이 많습니다. "인생을 깊이 생각하지 말자! 그냥 주어진 시간 동안 즐기자!"라고 하는 신세대의 유행은 점점 그 정도를 더해가고 있습니다. 이러한 타락한 문화 속에서도 인생을 진지하게 생각하는 사람들이 있습니다. 여기 이 땅 위에 살다 간 사람들을 대표해서 진지하게 인생을 논한 한 사람의 말을 들어봅시다.

그는 "… 헛되고 헛되며 헛되고 헛되니 모든 것이 헛되도다 해 아래에서 수고하는 모든 수고가 사람에게 무엇이 유익한가."(전 1:2-3)라고 말하며 인생들이 수고하는 모든 일의 허망함을 말했습니다.

"마음껏 누려 본 쾌락도 유익이 없고, 온 세상에서 나는 기름진 산

해진미로 입을 즐겁게 해 봤으나 그것이 빈부의 한 그릇 밥과 다를 바가 없으니 잘 먹는 것도 무익하며, 거대한 사업을 벌려 무수한 재물과 노비와 처첩들을 수없이 거느려 봤으나 그것도 헛된 것이더라"(전 2:1-9)고 하는가 하면, 드디어는 "이러므로 내가 사는 것을 미워하였노니 이는 해 아래에서 하는 일이 내게 괴로움이요 모두 다 헛되어 바람을 잡으려는 것이기 때문이로다."(전 2:17)라고 절망적인 선언을 합니다. 이처럼 인생무상을 노래한 사람은 이 지구 위에 사는 동안 최고의 지혜와 부귀영화와 권세를 마음껏 누려 봤던 이스라엘 왕 솔로몬입니다.

위의 말들로 자신의 주장을 결론 맺었다면 솔로몬 역시 인생들이 한결같이 고백한 인생무상을 말한 것이지만 그의 결론은 다른 데 있습니다.

"일의 결국을 다 들었으니 하나님을 경외하고 그의 명령들을 지킬지어다 이것이 모든 사람의 본분이니라"(전 12:13).

인생무상을 논하던 사람이 하나님을 경외하고 그 명령을 지키는 것이 사람의 본분이며, 그곳에 행복이 있다고 권고합니다. 하나님이 누구시기에 하나님을 경외하고 그 명령을 지키라는 것일까요?

## 1. 천지 만물의 주인이신 하나님

**역대상 29:10-13** 다윗이 온 회중 앞에서 여호와를 송축하여 이르되 우리 조상 이스라엘의 하나님 여호와여 주는 영원부터 영원까지 송축을 받으시옵소서 여호와여 위대하심과 권능과 영광과 승리와 위엄이 다 주께 속하였사오니 천지에 있는 것이 다 주의 것이로소이다 여호와여 주권도 주께 속하였사오니 주는 높으사 만물의 머리이심이니이다 부와 귀가 주께로 말미암고 또 주는 만물의 주재가 되사 손에 권세와 능력이 있사오니 모든 사람을 크게 하심과 강하게 하심이 주의 손에 있나이다 우리 하나님이여 이제 우리가 주께 감사하오며 주의 영화로운 이름을 찬양하나이다

하나님은 천하 만물을 만드신 주인이십니다. 만물이 하나님께 속하였습니다. 하나님은 천지 만물을 다스리시는 만왕의 왕이십니다. 우리 인간의 본분은 천지 만물을 대신하여 하나님께 영원한 감사와 찬양을 드리는 일입니다.

## 2. 하나님의 성품

### (1) 영원하신 하나님

**시편 90:2** 산이 생기기 전, 땅과 세계도 주께서 조성하시기 전 곧 영원부터 영원까지 주는 하나님이시니이다

인생을 비롯한 모든 피조물은 시작과 끝이 있습니다. 태어나는 날이 있고 죽는 날이 있습니다. 그러나 하나님은 시작도 없고 끝도 없으신 분이십니다. 영원부터 스스로 존재하셨던 분이십니다.

### (2) 어디에나 계시는 하나님

**예레미야 23:24** 여호와의 말씀이니라 사람이 내게 보이지 아니하려고 누가 자신을 은밀한 곳에 숨길 수 있겠느냐 여호와가 말하노라 나는 천지에 충만하지 아니하냐

하나님은 그가 창조하신 우주 어느 곳에든지 계십니다. 그러기에 하나님은 인생이 아니라 신입니다. 하나님은 영이시기에 볼 수 없으나, 지금 여기에도 계십니다. 우리와 함께 계시며 나와 함께 계십니다. 그래서 성도들은 하나님과 동행했고, 동행하며, 동행할 것입니다.

### (3) 전지전능하신 하나님

**예레미야 32:27** 나는 여호와요 모든 육체의 하나님이라 내게 할 수 없는 일이 있겠느냐

모든 피조물은 그 능력이 제한되어 있지만 하나님의 능력은 끝이 없습니다. 전지전능하신 하나님은 단지 말씀만으로 천지를 창조하신 분입니다. 하늘과 땅의 모든 권세를 지닌 분이십니다. 성도들이 주님과 동행할 때 하늘과 땅의 권세를 받습니다.

### (4) 변치 아니하시는 하나님

**야고보서 1:17** 온갖 좋은 은사와 온전한 선물이 다 위로부터 빛들의 아버지께로부터 내려오나니 그는 변함도 없으시고 회전하는 그림자도 없으시니라

만물은 변합니다. 사람도 변합니다. 그러나 하나님은 변함이 없으십니다. 하나님의 약속이 변함없고, 사랑이 변함없으시며, 성실하심과 인내가 변함없으십니다. 성도들이 변함없으신 하나님과 동행하면 변함없는 믿음의 사람으로 살아갈 수 있습니다.

### (5) 거룩하신 하나님

**이사야 6:3** 서로 불러 이르되 거룩하다 거룩하다 거룩하다 만군의 여호
와여 그의 영광이 온 땅에 충만하도다 하더라

하나님은 아무 흠도, 죄도, 어두움도 없으신 분입니다. 죄인이 가까
이 할 수 없는 분입니다. 오직 예수 그리스도의 보혈의 은혜로 하나님
께 나아갈 수 있습니다. 그 하나님께서 우리가 예수님을 믿으면 거룩
하다고 여겨 주시고 하나님의 자녀로 삼아 주십니다. 하나님이 거룩
하니 우리도 거룩하라고 하십니다.[7]

### (6) 사랑의 하나님

**요한일서 4:16** 하나님이 우리를 사랑하시는 사랑을 우리가 알고 믿었노
니 하나님은 사랑이시라 사랑 안에 거하는 자는 하나님 안에 거하고 하
나님도 그의 안에 거하시느니라

하나님은 사랑이시며 그 사랑은 무궁합니다.[8] 하나님께서 하나님의

---

**7** 베드로전서 1:16 "기록되었으되 내가 거룩하니 너희도 거룩할지어다 하셨느니라."

**8** 예레미야 31:3 "옛적에 여호와께서 나에게 나타나사 내가 영원한 사랑으로 너를 사랑하
기에 인자함으로 너를 이끌었다 하였노라."

형상을 따라 인간을 만드신 것이 사랑이요, 범죄하여 하나님을 떠나 죽게 된 인생들을 위해 하나님 자신이 사람의 몸을 입고 이 땅에 오셔서 우리를 대신하여 죽으신 것이 사랑입니다. 그 사랑을 알고 하나님 앞으로 나가는 것이 인생의 본분입니다.

## 3. 하나님을 알면

창세기 1:28  하나님이 그들에게 복을 주시며 하나님이 그들에게 이르시되 생육하고 번성하여 땅에 충만하라, 땅을 정복하라, 바다의 물고기와 하늘의 새와 땅에 움직이는 모든 생물을 다스리라 하시니라

성도가 하나님을 알 때 어떤 일이 일어날까요? 창세기 1장 28절의 말씀처럼 생육하는 복, 번성하는 복, 충만해지는 복, 세상을 정복하는 복, 세상을 다스리는 복을 받습니다.

## 4. 어떻게 하나님을 알 수 있을까요?

호세아 6:3  그러므로 우리가 여호와를 알자 힘써 여호와를 알자 그의 나타나심은 새벽 빛 같이 어김없나니 비와 같이, 땅을 적시는 늦은 비와

같이 우리에게 임하시리라 하니라

하나님을 깊이 아는 것이 축복받고 인생의 평안과 행복을 누리는 지름길입니다. 사람들은 하나님의 창조 세계에 나타난 신비를 통해서, 그리고 사람의 마음속에 심어 준 종교의 씨앗으로 하나님을 일부 알 수 있지만 그것만으로는 부족합니다.

**요한복음 14:6** 예수께서 이르시되 내가 곧 길이요 진리요 생명이니 나로 말미암지 않고는 아버지께로 올 자가 없느니라

인간은 스스로 하나님을 알 수 없습니다. 하나님을 알기 위해 아무리 연구를 많이 한다고 해도 결코 알 수 없습니다. 사람이 죄를 짓기 때문입니다. 죄에 가려서 하나님이 보이지 않는 것입니다. 사람의 힘으로 죄를 깨끗하게 할 수 없습니다. 하지만 하나님께서는 인간이 하나님을 알 수 있는 한 가지 길을 만들어 놓으셨습니다. 그 길은 예수 그리스도입니다.

하나님을 믿으려면 먼저 예수를 믿어야 합니다. 하나님을 잘 알려면 예수를 잘 알아야 합니다. 하나님을 잘 경배하려면 예수를 잘 경배하면 됩니다. 이것이 하나님께서 만드신 신비한 법칙입니다. 아직 하나님을 잘 모르겠다면 먼저 예수를 구세주로 믿어야 합니다.

## 5. 예배는 하나님을 경외하는 최상의 길

시편 95:1-2  오라 우리가 여호와께 노래하며 우리의 구원의 반석을 향하여 즐거이 외치자 우리가 감사함으로 그 앞에 나아가며 시를 지어 즐거이 그를 노래하자

하나님을 알고 경외하는 사람들은 하나님께 예배부터 드립니다. 예배를 드리는 것은 하나님을 아는 사람, 예수를 믿는 사람에게 반드시 나타나는 자연적인 현상입니다.

## 6. 하나님을 믿으면

1) 하나님의 자녀가 되는 축복을 받습니다.
2) 천국 백성이 되는 은혜를 받습니다.
3) 참 평화를 얻습니다.

함께 나누어요

1. 하나님을 아는 사람이 반드시 해야 할 일을 말해 봅시다.

2. 사람이 어떻게 하나님을 알 수 있을까요?

3. 내가 오늘 알게 된 하나님은 어떤 분인지 소개해 봅시다.

# 4과
# 구세주 예수님을 믿습니다

**마태복음 16:16** 시몬 베드로가 대답하여 이르되 주는 그리스도시요 살아 계신 하나님의 아들이시니이다

예수님을 아십니까? 그분은 마구간에서 태어나셨습니다. 가난한 사람, 병든 사람, 억울한 사람의 벗으로 사시다가 33세의 젊은 나이로 죄없이 십자가에서 사형당하셨습니다. 그 예수님은 인류 역사상 가장 존경받는 성인이십니다. 예수님은 인류 역사를 A.D.(Anno Domini; 主前)와 B.C.(Before Christ; 主後)로 나눈 구세주입니다.

## 1. 예수님은 하나님이십니다

**요한복음 14:8-9** 빌립이 이르되 주여 아버지를 우리에게 보여 주옵소서 그리하면 족하겠나이다 예수께서 이르시되 빌립아 내가 이렇게 오래 너

희와 함께 있으되 네가 나를 알지 못하느냐 나를 본 자는 아버지를 보았
거늘 어찌하여 아버지를 보이라 하느냐

예수님 제자들의 소원은 하나님을 보는 것이었습니다. 제자들 중
가장 의심 많은 빌립은 예수님께 하나님을 보여 달라고 졸랐습니다.
이에 예수님께서는 놀라운 말씀을 하셨습니다. 예수님을 본 사람은
하나님을 보았다는 것입니다. 이 말씀은 자신이 곧 하나님이라는 선
언입니다. 예수님은 사람의 몸을 입고 오신 하나님입니다.

## 2. 예수님이 하나님이신 증거들

**마가복음 6:41-44** 예수께서 떡 다섯 개와 물고기 두 마리를 가지사 하늘
을 우러러 축사하시고 떡을 떼어 제자들에게 주어 사람들에게 나누어
주게 하시고 또 물고기 두 마리도 모든 사람에게 나누시매 다 배불리 먹
고 남은 떡 조각과 물고기를 열두 바구니에 차게 거두었으며 떡을 먹은
남자는 오천 명이었더라

예수님이 하나님이라는 증거는 한이 없지만 몇 가지만으로도 충분
합니다. 먼저 예수님의 오병이어(五餅二魚) 사건입니다. 굶주림에 지친
백성에게 하나님은 물고기 두 마리와 보리떡 다섯 개로 장년 남자만

오천 명, 여자와 아이들까지 합친다면 수만 명에 이르는 사람들을 먹이셨습니다. 오직 하나님만이 이 일을 하실 수 있습니다. 예수님은 하나님이십니다.

**마가복음 6:47-52** 저물매 배는 바다 가운데 있고 예수께서는 홀로 뭍에 계시다가 바람이 거스르므로 제자들이 힘겹게 노 젓는 것을 보시고 밤 사경쯤에 바다 위로 걸어서 그들에게 오사 지나가려고 하시매 제자들이 그가 바다 위로 걸어 오심을 보고 유령인가 하여 소리 지르니 그들이 다 예수를 보고 놀람이라 이에 예수께서 곧 그들에게 말씀하여 이르시되 안심하라 내니 두려워하지 말라 하시고 배에 올라 그들에게 가시니 바람이 그치는지라 제자들이 마음에 심히 놀라니 이는 그들이 그 떡 떼시던 일을 깨닫지 못하고 도리어 그 마음이 둔하여졌음이러라

하나님은 창조주입니다. 바람에게 명하시고, 바다를 잠잠케 하시며, 모든 자연계를 다스리시는 분이 하나님입니다. 주님께서 바다를 걸어오신 것은 인간의 능력으로 하신 것이 아닙니다. 주님이 하나님이셨기에 가능했던 것입니다.

**마가복음 6:53-56** 건너가 게네사렛 땅에 이르러 대고 배에서 내리니 사람들이 곧 예수신 줄을 알고 그 온 지방으로 달려 돌아 다니며 예수께서 어디 계시다는 말을 듣는 대로 병든 자를 침상째로 메고 나아오니 아무

데나 예수께서 들어가시는 지방이나 도시나 마을에서 병자를 시장에 두
고 예수께 그의 옷 가에라도 손을 대게 하시기를 간구하니 손을 대는 자
는 다 성함을 얻으니라

성경에 나타난 예수님의 치유 사역은 인간의 손을 떠난 불치병이
대부분입니다. 성경은 하나님을 질병을 치료하시는 하나님으로[9] 말씀
합니다.

**출애굽기 15:26** 이르시되 너희가 너희 하나님 나 여호와의 말을 들어 순
종하고 내가 보기에 의를 행하며 내 계명에 귀를 기울이며 내 모든 규례
를 지키면 내가 애굽 사람에게 내린 모든 질병 중 하나도 너희에게 내리
지 아니하리니 나는 너희를 치료하는 여호와임이라

예수님은 자신을 병을 고치는 치료의 하나님으로 나타내셨습니다.
예수님은 병든 모든 사람을 치료해 주셨습니다. 예수님은 한센병, 소
경, 손 마른 병, 소아마비, 혈루병 등 현대 의학으로도 고칠 수 없는

---

**9** 출애굽기 15:26 이르시되 너희가 너희 하나님 나 여호와의 말을 들어 순종하고 내가 보
기에 의를 행하며 내 계명에 귀를 기울이며 내 모든 규례를 지키면 내가 애굽 사람에게
내린 모든 질병 중 하나도 너희에게 내리지 아니하리니 나는 너희를 치료하는 여호와임
이라

병을 치료해 주셨습니다. 그뿐만 아니라 죽은 사람을 세 차례나 살리시면서 자신이 생사(生死)를 주관하시는 하나님이심을 증거하셨습니다.

## 3. 예수님이 하나님이심을 믿지 못한 사람들

**요한복음 10:30-33** 나와 아버지는 하나이니라 하신대 유대인들이 다시 돌을 들어 치려 하거늘 예수께서 대답하시되 내가 아버지로 말미암아 여러 가지 선한 일로 너희에게 보였거늘 그 중에 어떤 일로 나를 돌로 치려 하느냐 유대인들이 대답하되 선한 일로 말미암아 우리가 너를 돌로 치려는 것이 아니라 신성모독으로 인함이니 네가 사람이 되어 자칭 하나님이라 함이로라

주님께서는 유대인 앞에서 자신을 하나님과 하나라고 주장하셨습니다. 이에 격분한 유대인들은 예수님을 돌로 치려 합니다. 그러나 주님께서는 자신이 하나님이라는 분명한 증거들을 보이셨습니다. 유대인들은 그 증거를 보고 예수님이 하나님이신지를 결정해야 했습니다. 그런데 아주 적은 사람들만이 예수님은 하나님이시라는 것을 믿었고, 대부분의 사람들은 증거를 보고도 믿지 않았습니다. 오늘날에도 사정은 동일합니다.

예수님을 세계 4대 성인 중의 한 사람으로 여기거나, 심지어는 신화적인 인물로 보는 사람들이 대부분입니다. 예수님이 하나님이신 사실을 믿고, 믿지 않고는 개인의 문제이겠지만 그 결과에 대한 책임은 개인이 져야 할 것입니다. 만 가지 죄는 용서받을 수 있지만 예수님께서 하나님이심을 부인하는 죄만은 용서받을 수 없습니다. 예수님이 하나님이심을 부인하는 것은 성령을 훼방하는 죄이기 때문입니다.[10]

### 4. 예수님은 사람이셨습니다

**히브리서 2:14-18** 자녀들은 혈과 육에 속하였으매 그도 또한 같은 모양으로 혈과 육을 함께 지니심은 죽음을 통하여 죽음의 세력을 잡은 자 곧 마귀를 멸하시며 또 죽기를 무서워하므로 한평생 매여 종 노릇 하는 모든 자들을 놓아 주려 하심이니 이는 확실히 천사들을 붙들어 주려 하심이 아니요 오직 아브라함의 자손을 붙들어 주려 하심이라 그러므로 그가 범사에 형제들과 같이 되심이 마땅하도다 이는 하나님의 일에 자비

---

**10** 성령을 훼방하는 죄 – 마가복음 3:29 "누구든지 성령을 모독하는 자는 영원히 사하심을 얻지 못하고 영원한 죄가 되느니라 하시니"라고 하여 성령을 훼방하는 죄를 말합니다. 성령을 훼방하는 죄란 하나님을 거역하는 죄를 말합니다. 하나님께서는 죄인을 구원하는 방법으로 예수를 믿으라고 하셨습니다. 예수를 믿지 않는 것이야말로 용서받을 수 없는 죄가 됩니다. 모든 죄가 예수를 믿음으로 사함을 받되, 예수가 구세주이심을 믿지 않는 죄는 사함을 받지 못하기에 불신앙이 가장 나쁜 죄입니다.

하고 신실한 대제사장이 되어 백성의 죄를 속량하려 하심이라 그가 시험을 받아 고난을 당하셨은즉 시험 받는 자들을 능히 도우실 수 있느니라

예수님은 하나님이시면서 동시에 혈과 육을 지닌 우리와 성정이 똑같은 사람이셨습니다. 예수님은 아브라함의 후손으로 마리아에게서 태어나셨습니다. 원래 예수님은 하나님의 본체였으나 사람들을 구원하기 위해 사람의 모습으로 태어나셨던 것입니다.[11]

예수님께서 사람이 되신 까닭은 마귀를 멸하시기 위함이요, 자기 백성을 죄로부터 구원하시기 위함이고, 시험받는 자를 도우시기 위함입니다. 이 세 가지는 하나님이면서 동시에 사람인 분만 할 수 있는 일이었습니다.

## 5. 예수 그리스도는 구세주이십니다

**요한복음 14:6** 예수께서 이르시되 내가 곧 길이요 진리요 생명이니 나로 말미암지 않고는 아버지께로 올 자가 없느니라

---

**11** 빌립보서 2:6-7 "그는 근본 하나님의 본체시나 하나님과 동등됨을 취할 것으로 여기지 아니하시고 오히려 자기를 비워 종의 형체를 가지사 사람들과 같이 되셨고"

참 하나님이시고, 참 사람이신 분만이 죄인을 구원할 수 있습니다. 그래서 예수님만이 구원의 길이고, 구원으로 인도하는 진리이며, 생명을 주시는 분입니다. 예수님을 통하지 않고서는 하나님을 알 수 없으며, 예수님을 믿지 않고서는 하나님을 믿을 수 없습니다. 예수님 외의 구원의 길은 없습니다. 예수님 외에 하나님께 가는 길도 없습니다.

**사도행전 4:12** 다른 이로써는 구원을 받을 수 없나니 천하 사람 중에 구원을 받을 만한 다른 이름을 우리에게 주신 일이 없음이라 하였더라

예수만이 구원의 길이라는 진리에 대해 예수님의 제자인 베드로도 예수님과 똑같이 말하고 있습니다. 인간은 과학과 철학의 힘으로 구원을 얻지 못합니다. 조상을 숭배하는 것으로나, 세상 어떤 사람이나 신의 이름으로도 구원을 얻을 수 없습니다. 인간을 구원하는 유일한 이름은 예수입니다.

## 6. 예수님을 믿으십시오

아직도 믿음이 없는 분들은 예수를 영접하십시오. 구원은 오직 하나님의 아들 예수를 믿음으로 받습니다. 어떻게 믿어야 할지 모르는 분들은 도와드리겠습니다.

## 7. 예수님을 믿으면

예수님을 믿으면 하나님의 자녀가 됩니다. 사람은 죄로 인해 하나님과 가까이 할 수 없고, 하나님과 원수되었던 신분이었습니다. 예수를 믿음으로 죄 사함을 받으면 하나님의 자녀로 입양됩니다.

우리가 하나님의 자녀가 되면 하나님의 자녀로서의 모든 권세를 누립니다. 자녀된 권세에는 하나님을 아버지로 부르는 권세, 아버지 하나님과 친밀하게 동행하는 권세, 기도하면 응답받는 권세, 축복의 권세 등 수많은 권세가 주어집니다.

### 함께 나누어요

1. 당신에게 예수님은 어떤 분입니까?

2. 어떻게 구원받습니까?

3. 구원받는다는 의미를 말해 봅시다.

# 5과
# 성령님! 우리 안에 계심을 믿습니다

**요한복음 14:16-17** 내가 아버지께 구하겠으니 그가 또 다른 보혜사를 너희에게 주사 영원토록 너희와 함께 있게 하리니 그는 진리의 영이라 세상은 능히 그를 받지 못하나니 이는 그를 보지도 못하고 알지도 못함이라 그러나 너희는 그를 아나니 그는 너희와 함께 거하심이요 또 너희 속에 계시겠음이라

성도들에게 성령 하나님에 관한 내용처럼 오해가 많은 부분도 없습니다. 성령님을 인격을 지닌 하나님이 아닌, 무슨 능력으로 이해하거나(여호와의 증인들이 그러합니다), 성도들을 감정적으로 격동하게 하는 분으로 오해하기도 합니다. 성도들이 성령 하나님을 이해하면서 먼저 성령님이 하나님이시라는 사실과 성령님께서 성도와 함께, 성도 안에 계시다는 사실에서 출발하는 것이 중요합니다.

## 1. 성도들은 성령을 모시고 사는 사람들입니다

**고린도전서 3:16**  너희는 너희가 하나님의 성전인 것과 하나님의 성령이
너희 안에 계시는 것을 알지 못하느냐

성도가 성령님을 모시고 산다는 사실은 간단히 말하고 넘어갈 문
제가 아닙니다. 그런데 많은 성도가 이 소중한 진리를 아예 모르거나,
대수롭지 않게 여기는 것 같습니다. 귀신이 들려도 사람이 달라지는
법입니다. 하물며 사단의 권세를 이기신 예수 그리스도의 영을 모신
사람이 아무런 변화가 없다는 것은 불가능한 일입니다. 성령을 모시
고 성령으로 사는 사람은 세상 사람들의 눈에 마치 흑과 백이 대조를
이루듯 다르게 보여야 정상입니다. 불신자들이 미칠 수 없는 수준의
인격과 삶으로 살게 된다는 말입니다.

## 2. 성령님께서는 성도를 예수님 앞으로 인도하십니다

**요한복음 14:16-17**  내가 아버지께 구하겠으니 그가 또 다른 보혜사를 너
희에게 주사 영원토록 너희와 함께 있게 하리니 그는 진리의 영이라 세
상은 능히 그를 받지 못하나니 이는 그를 보지도 못하고 알지도 못함이
라 그러나 너희는 그를 아나니 그는 너희와 함께 거하심이요 또 너희 속

에 계시겠음이라

예수님께서는 다른 보혜사를 우리에게 보내시겠다고 약속합니다. 보혜사를 헬라어로는 파라클레토스(παράκλητος)라고 하며, 우리말로는 '상담자', '위로자', '보호자', '대언자'라는 뜻이 있습니다. 이를 한마디로 보혜사(保惠師)라고 합니다. 우리가 어렸을 적에는 부모가 보혜사 역할을 해 주고 커서는 여러 사람이 우리의 보혜사 역할을 해 줍니다.

예수님이 우리의 상담자시고 위로자이시며 보호자요, 대언자이십니다. 그런데 예수님은 예수님을 대신할 보혜사를 우리에게 보내시겠다고 하셨습니다. 이분이 곧 성령님이십니다. 오직 예수님만이 하나님 앞에 나아갈 수 있는 유일한 길인 것처럼,[12] 성령님의 인도 없이는 어느 누구도 예수님 앞에 나아올 수 없습니다.[13]

성령님의 인도를 통해 예수 앞에 나아가고, 예수님을 통해 하나님께 나아갈 수 있습니다.

---

[12] 요한복음 14:6 "예수께서 이르시되 내가 곧 길이요 진리요 생명이니 나로 말미암지 않고는 아버지께로 올 자가 없느니라"

[13] 요한복음 15:26 "내가 아버지께로부터 너희에게 보낼 보혜사 곧 아버지께로부터 나오시는 진리의 성령이 오실 때에 그가 나를 증언하실 것이요"
요한복음 16:13 "그러나 진리의 성령이 오시면 그가 너희를 모든 진리 가운데로 인도하시리니 그가 스스로 말하지 않고 오직 들은 것을 말하며 장래 일을 너희에게 알리시리라"

## 3. 세상은 성령을 알지 못합니다

**요한복음 14:17** 그는 진리의 영이라 세상은 능히 그를 받지 못하나니 이는 그를 보지도 못하고 알지도 못함이라 그러나 너희는 그를 아나니 그는 너희와 함께 거하심이요 또 너희 속에 계시겠음이라

세상 사람들은 결코 성령에 관해서 알지 못합니다. 성령을 받는 사람만이 성령을 알 수 있기 때문입니다. 마치 귀신을 받은 무당이나 박수들만이 귀신을 확실히 아는 것과 유사합니다. 세상 사람들은 성령을 받지 않았기 때문에 하나님에 대해서도 모르고, 예수님에 대해서도 알지 못합니다. 당연히 성령에 대해서는 그 이름마저 알지 못하는 것입니다.

## 4. 성령님은 성도들에게만 자신을 알리십니다

**요한복음 14:17** 그는 진리의 영이라 세상은 능히 그를 받지 못하나니 이는 그를 보지도 못하고 알지도 못함이라 그러나 너희는 그를 아나니 그는 너희와 함께 거하심이요 또 너희 속에 계시겠음이라

성도들은 성령님을 알 수 있습니다. 성령님께서 성도와 함께 계시

기 때문입니다. 성도와 함께 거하신다는 표현은 교회 공동체 안에 계신다는 것입니다. 성령님께서 가장 활발하게 활동하시는 곳이 바로 교회입니다. 따라서 성도들은 교회 공동체와 함께하는 삶을 통해 성령의 인도하심을 받고 구원받는 삶을 누리게 됩니다. 예수를 믿는다고 하면서 교회에 나아오지 않으면 성령을 받지 못한 사람입니다.

성령께서 우리 속에 계시겠다고 하신 말씀은 신자 개인과 함께, 개인 안에 함께 계시겠다는 내용이기도 합니다. 성령께서 개인에게 거하신다고 할 때에도 교회 공동체에 실질적으로 참여하여 유기적인 연합을 이루고 있는 개인을 말하는 것은 물론입니다. 성도들은 이 진리를 믿어야 합니다. 우리는 우리 안에 성령이 계심을 알아야 합니다.[14]

---

**14** 성전
   1) 장막 성전
   성전이란 하나님이 계시는 궁전(宮殿)을 말합니다. 원래 하나님은 천지의 주인이시니 천지간 어디에나 계십니다. 그런데 온 우주에 충만하신 하나님께서 특별히 인간 세상의 이스라엘이라는 나라에 거하셨습니다. 이스라엘 사람들은 광야에서 장막을 치고 살았는데, 하나님께서도 이스라엘의 장막 가운데 자기 집을 짓고 사셨습니다. 하나님의 집을 '성막'이라고 불렀습니다.
   2) 솔로몬 성전
   이스라엘이 가나안에 정착하면서 집을 짓고 살게 되자 하나님께서도 하나님의 집을 지으셨는데 이 하나님의 집을 '성전'이라고 했습니다. 솔로몬 왕 때 지어져서 솔로몬 성전이라고 했습니다. 그러니까 세상에 사는 사람들이 하나님을 만나려면 이스라엘에 있는 하나님의 집으로 찾아와야 했습니다.
   3) 성전이신 예수 그리스도
   이 성전은 시실상 예수 그리스도를 상징하는 것이었고, 예수 그리스도께서 이 땅에 오심으로 상징적 의미를 지녔던 옛 성전은 없어지고 이제 예수님이 진정한 성전이 되신 것입니다. 예수님이 성전이 되셨다는 것은 예수님 안에 하나님께서 충만히 거

우리는 살아 계신 하나님의 성령이 거하는 거룩한 성전입니다.[15]


## 5. 성령을 모신 사람에게는 그 증거가 나타납니다

**갈라디아서 5:22-24** 오직 성령의 열매는 사랑과 희락과 화평과 오래 참음과 자비와 양선과 충성과 온유와 절제니 이같은 것을 금지할 법이 없느니라 그리스도 예수의 사람들은 육체와 함께 그 정욕과 탐심을 십자가에 못 박았느니라

성령을 모신 사람의 중요한 특징은 육체의 소욕과 성령의 소욕이 서로 대립하여 나타난다는 사실입니다. 소욕(所欲)이란 본능적인 욕구를 말합니다. 육신의 소욕은 갈라디아서 5장 18-20절에 있는 것처럼

---

하셨다는 것입니다. 그러니까 예수님을 본 사람은 하나님을 본 것이요, 예수님을 믿으면 하나님도 믿는 것입니다.

4) 성전인 성도들

이제 예수 믿는 성도들 안에, 교회 안에 하나님께서 계신다는 것입니다. 바로 성령으로 계시는 것이지요. 고린도전서 3장 16절에 "너희는 너희가 하나님의 성전인 것과 하나님의 성령이 너희 안에 계시는 것을 알지 못하느냐."라고 말씀하심으로 하나님께서 성령으로 성도들 안에 계심을 알리시고 계십니다.

**15** 고린도후서 6장 16절 "하나님의 성전과 우상이 어찌 일치가 되리요 우리는 살아 계신 하나님의 성전이라 이와 같이 하나님께서 이르시되 내가 그들 가운데 거하며 두루 행하여 나는 그들의 하나님이 되고 그들은 나의 백성이 되리라."

음행, 더러운 말과 행동, 조상이나 우상에게 제사하는 것, 술수, 원수 맺는 것, 분쟁, 시기, 분내는 것, 편가르기, 이단에 빠지는 것, 질투, 술 취함, 방탕하는 것 등입니다.

이렇듯 세상을 사는 사람들은 하나님 나라에 들어갈 수 없고, 하나님 나라를 유업으로 받지 못합니다. 하지만 성령이 임하면 육체의 소욕이 아닌 성령의 소욕이 생겨나기 시작합니다. 성령의 소욕은 사랑, 희락, 화평, 오래 참음, 자비, 양선, 충성, 온유, 절제 등입니다. 신자에게는 육신의 소욕과 성령의 소욕이 대립하여 나타나서, 차츰 성령의 소욕이 육신의 소욕을 이깁니다. 왜냐하면 우리는 우리 육신의 소욕을 예수 그리스도의 십자가에 못 박아 버렸기 때문이요, 성령의 소욕을 주신 성령께서 우리 안에 계시기 때문입니다.

## 6. 성령을 소멸하지 말아야 합니다

**데살로니가전서 5:19-22** 성령을 소멸하지 말며 예언을 멸시하지 말고 범사에 헤아려 좋은 것을 취하고 악은 어떤 모양이라도 버리라

하나님의 성령이 성도 안에 거하게 되면 성도의 양심이 새로워지기 때문에 육신의 소욕인 죄를 지을 때마다 괴로운 심정에 빠지게 됩니다. 과거에는 대수롭지 않게 행하던 언행들이 이제 조심스러워집니

다. 나만 위해 살던 내가 이제 하나님 위해 살려고 합니다. 이것이 성령이 주신 마음입니다.

그런데 이처럼 성령께서 우리에게 주신 마음을 무시하고 예전의 육신의 소욕을 따르는 신자들이 많습니다. 이런 행위는 성령을 소멸하는 것입니다. 성령을 소멸하는 가장 큰 특징은 하나님의 말씀을 무시하거나, 하나님의 말씀을 알면서도 지키지 않는 것입니다.

그런가 하면 하나님의 말씀을 알지 못해서 범죄하는 경우도 많습니다. 성경 공부, 성경 읽기, 기도를 소홀히 하는 것은 큰 죄입니다. 그렇기 때문에 성경을 읽고 그 말씀을 묵상하며 그 말씀대로 삶을 살아야 합니다. 그럴 때에 성령님이 내 안에 항상 거하십니다.

**고린도전서 3:16-17** 너희는 너희가 하나님의 성전인 것과 하나님의 성령이 너희 안에 계시는 것을 알지 못하느냐 누구든지 하나님의 성전을 더럽히면 하나님이 그 사람을 멸하시리라 하나님의 성전은 거룩하니 너희도 그러하니라

알고 짓는 죄, 모르고 짓는 죄가 성도를 더럽히는 것들입니다. 그런데 문제는 성도가 죄로 더러워지는 것은 곧 성전(聖殿)을 더럽히는 것입니다. 왜냐하면 우리 몸은 이미 우리 개인의 것이 아니라 하나님의 것이기 때문입니다. 그리고 우리 몸은 하나님의 성령이 거하시는 곳이기 때문입니다. 하나님께서 거룩하시기 때문에 하나님의 백성도 거

룩해야 마땅합니다.

만일 성도가 계속해서 성전인 몸과 마음을 더럽히는 죄를 범한다면 입으로만 하나님을 믿는자요, 마음은 이미 하나님을 떠난 자라 이들은 멸망에 처할 것입니다.[16]

## 7. 예수를 믿으면 성령을 받습니다

예수를 믿은 사람들은 성령을 받았습니다. 아직 성령을 받지 못하신 분들은 어서 속히 예수를 믿으십시오. 성령이 없는 사람들은 멸망할 것입니다. 이런 사람들에게 예수를 믿도록 권하십시오.

## 8. 성령을 받으면

**사도행전 1:8** 오직 성령이 너희에게 임하시면 너희가 권능을 받고 예루살렘과 온 유대와 사마리아와 땅 끝까지 이르러 내 증인이 되리라 하시니라

---

**16**  고린도전서 5:5 "이런 자를 사탄에게 내주었으니 이는 육신은 멸하고 영은 주 예수의 날에 구원을 받게 하려 함이라"

성령이 임하면 예수 그리스도처럼 살게 됩니다. 예수님을 닮는다는 것입니다. 성령은 예수의 영이고, 예수의 혼이며, 예수님 자신이기 때문입니다. 성령이 임하면 예수님 마음을 갖게 되고, 예수님처럼 병든 사람을 고치며, 예수님처럼 복음을 전합니다. 성령이 임하면 거듭난 새사람이 되기 때문입니다. 성령이 임하면 엣사람의 모습, 행동, 생각은 점차 사라지고 예수의 형상, 예수의 마음, 예수의 행동으로 변해 갑니다.

### 함께 나누어요

1. 성령을 받는다는 것에 대한 의미에 대해 생각해 봅시다.

2. 성령을 모신 증거가 무엇입니까?

3. 당신에게는 그 증거가 있습니까?

# 6과
# 삼위일체 하나님을 믿습니다

**고린도후서 13:13** 주 예수 그리스도의 은혜와 하나님의 사랑과 성령의 교통하심이 너희 무리와 함께 있을지어다

성경에서 가장 이해하기 어려운 부분이 삼위일체 하나님에 관한 진리입니다. 성경에는 '삼위일체'라는 용어는 나오지 않으나 성부와 성자와 성령을 하나님이라고 소개하는 말씀은 자주 등장합니다. 우리는 어떻게 세 분(三位)이 한(一體) 하나님으로 계시는지 알 수 없습니다.

사실 인간이 지닌 지식은 한계가 있어서 이해할 수 없는 것이 많습니다. 정직하게 말하자면 인간은 완전하게 아는 것이 거의 없습니다. 인간의 제한된 지식으로 하나님의 최고의 신비인 삼위일체에 관해 완전히 이해한다는 것 자체가 불가능한 일입니다. 그러나 우리가 이해하기 어렵다고 해서 몰라도 된다는 것은 아닙니다. 삼위일체의 진리는 우리 기독교 진리의 출발점이기 때문입니다. 또 우리는 하나님을 아는 만큼 하나님을 잘 섬길 수 있고, 축복을 누릴 수 있습니다. 우리

는 하나님을 더욱 경배하기 위해서도 하나님에 관한 핵심 진리인 삼위일체에 관해 하나님께서 가르쳐 주시는 만큼은 알아야 합니다.

### 1. 성경에 나타난 삼위일체에 관한 진리

**창세기 1:26** 하나님이 이르시되 우리의 형상을 따라 우리의 모양대로 우리가 사람을 만들고 그들로 바다의 물고기와 하늘의 새와 가축과 온 땅과 땅에 기는 모든 것을 다스리게 하자 하시고

삼위일체에 관한 진리는 성경의 첫 구절부터 시작되고 있습니다. "하나님"이라는 히브리어 단어 "'엘로힘"(אלהים)은 단수가 아니라 복수입니다. "엘로힘"(אלהים)의 단수 형태는 "엘로하"(אלה)인데 하나님의 이름으로는 엘로힘으로만 쓰이고 있으며, 엘로하로는 사용되고 있지 않습니다. 가장 널리 쓰이는 이름에서 한 분 하나님이 세 인격으로 계신다는 사실을 알 수 있습니다.

이 사실이 좀더 확실하게 나타난 곳은 창세기 1장 26-27절입니다. 하나님께서 사람을 만들되 "우리"의 형상을 따라 만들자고 하셨습니다. "우리"라는 표현은 하나님을 지칭하는 것이니, 여기서도 한 분 하나님이 삼위로 계신다는 상당히 직접적인 표현을 하고 계시는 것입니다. 만일 하나님이 한 인격이셨다면 "우리의 형상을 따라"가 아니고

"내 형상을 따라"라고 하셨을 것입니다.

마태복음 28:19  그러므로 너희는 가서 모든 민족을 제자로 삼아 아버지
와 아들과 성령의 이름으로 세례를 베풀고

위의 성경 구절은 주님께서 제자들에게 '지상명령'(至上命令)이라고
부르는 복음 전도의 명령을 하시는 장면입니다. 여기서도 주님께서는
세례를 줄 때 성부 하나님의 이름으로만 주라고 한 것이 아니라, 성부
와 성자와 성령, 삼위일체 하나님의 이름으로 세례를 주라고 하셨습
니다. 이는 성부, 성자, 성령 세 분이 모두 동일한 권세를 지니시고 동
일한 영광을 받으시는 하나님이시요, 이 하나님은 한 분이시라는 것
을 상기시켜 줍니다.

고린도후서 13:13  주 예수 그리스도의 은혜와 하나님의 사랑과 성령의 교
통하심이 너희 무리와 함께 있을지어다

예배 시간에 하나님의 이름으로 축도할 때도 성부, 성자, 성령 어느
한 분의 이름으로 하는 것이 아닙니다. 반드시 삼위 하나님의 이름으
로 축도합니다. 이 사실은 하나님이 삼위일체로 계신다는 진리를 말
해 줍니다.

## 2. 삼위는 일체로 계십니다

**요한복음 10:30** 나와 아버지는 하나이니라 하신대

성자 하나님께서 자신을 하나님이라고 직간접적으로 밝힌 내용은 무수히 많습니다. 예수님의 모든 가르침과 이적이 사실은 예수님이 하나님이시라는 것을 가르치는 것입니다. 요한복음의 첫머리에서도 말씀이신 예수님과 하나님은 한 분이심을 장엄하게 선포하는데[17] 이 성경구절은 창세기 1장 1절에[18] 나타난 엘로힘으로서의 삼위일체에 대한 부분과 병행을 이루고 있습니다. 주님께서는 제자들 중 하나가 하나님을 보고 싶다는 소원을 드렸을 때에도 예수님 자신이 바로 하나님이심을 가르치셨으며,[19] 예수님의 대적자들을 향해서도 자신을 하나님과 하나라고 선언하셨습니다.

**사도행전 5:3-4** 베드로가 이르되 아나니아야 어찌하여 사탄이 네 마음에 가득하여 네가 성령을 속이고 땅 값 얼마를 감추었느냐 땅이 그대로

---

[17]  요한복음 1:1 "태초에 말씀이 계시니라 이 말씀이 하나님과 함께 계셨으니 이 말씀은 곧 하나님이시니라"

[18]  창세기 1:1 "태초에 하나님이 천지를 창조하시니라"

[19]  요한복음 14:9 "예수께서 이르시되 빌립아 내가 이렇게 오래 너희와 함께 있으되 네가 나를 알지 못하느냐 나를 본 자는 아버지를 보았거늘 어찌하여 아버지를 보이라 하느냐"

있을 때에는 네 땅이 아니며 판 후에도 네 마음대로 할 수가 없더냐 어찌하여 이 일을 네 마음에 두었느냐 사람에게 거짓말한 것이 아니요 하나님께로다

아나니아를 향한 베드로의 말씀을 주목하십시오. 3절에서 베드로는 아나니아가 성령을 속였다고 했는데, 4절에서는 하나님을 속였다고 하면서 성령과 하나님을 동일한 분으로 바꾸어 사용하고 있습니다. 즉, 하나님과 성령을 한 분 하나님으로 파악한 것입니다.

**요한복음 14:16** 내가 아버지께 구하겠으니 그가 또 다른 보혜사를 너희에게 주사 영원토록 너희와 함께 있게 하리니

보혜사라는 용어가 삼위일체에 대한 진리를 잘 나타내고 있습니다. 보혜사(保惠師)는 글자 그대로 연약한 인생들의 보호자시요(保), 죄인들에게 은혜를 한량없이 베푸시는 분이시며(惠), 우둔한 인생을 진리로 인도하시는 선생(師)입니다. 보혜사는 하나님의 하나님 되심을 아주 잘 나타내는 용어입니다. 어느 누구도 보혜사가 될 수 없고, 오직 하나님만이 보혜사가 되십니다.

옛적부터 계신 우리의 영원한 보혜사는 하나님이셨습니다. 하나님은 실로 인생들의 보혜사이셨습니다. 모든 육체가 하나님의 보호하시는 은혜로 생명을 유지했으며, 지금도 하나님의 은혜로 살고 있는 것

입니다. 그런데 예수 그리스도께서는 하나님의 자격으로 이 보혜사이신 하나님의 일을 하시는 것입니다. 육신의 몸을 입고 오신 예수님께서 보혜사의 일을 하셨습니다. 예수님의 지상 사역은 보혜사로서의 사역이셨습니다. 주님이 하나님이시라는 진리를 우리에게 보이신 것입니다.

보혜사인 주님께서는 요한복음 14장 16절에서 하나님께 부탁하여 예수님의 일을 대신할 보혜사를 보내시겠다고 하셨습니다. 이분은 주님께서 보혜사이신 하나님의 일을 하셨던 것과 동일하게 보혜사이신 예수 그리스도의 일을 하실 분입니다. 이분은 성령님이십니다. 그러니까 인생들을 위한 보혜사는 오직 하나님 한 분뿐이신데 성부, 성자, 성령 하나님이 보혜사이십니다. 삼위 하나님은 한 하나님이시고 한 보혜사이십니다.


## 3. 삼위일체 하나님의 구원 사역

삼위일체 하나님께서 죄인을 구원하시는 구원 사역을 하실 때 삼위께서 각각 독특한 영역에서 조금의 빈틈도 없이 연합하여 일하심으로써 우리의 구원을 이루어 가십니다. 이에 대한 많은 성경 구절을 제시하기보다는 에베소서 1장 3-14절을 중심으로 삼위 하나님의 구원 사역을 살펴보도록 합니다.

## (1) 성부 하나님의 사역

**에베소서 1:3-4** 찬송하리로다 하나님 곧 우리 주 예수 그리스도의 아버지께서 그리스도 안에서 하늘에 속한 모든 신령한 복을 우리에게 주시되 곧 창세 전에 그리스도 안에서 우리를 택하사 우리로 사랑 안에서 그 앞에 거룩하고 흠이 없게 하시려고

먼저 우리 주 예수 그리스도의 아버지요, 성도들의 아버지이신 성부 하나님의 사역을 알아보겠습니다. 죄인을 구원하시는 구원 사역에서 성부 하나님의 사역은 그리스도 안에서 주시는 신령한 복과 관련됩니다. 하나님께서 우리에게 주시는 신령한 복은 하나님의 기쁘신 뜻에 따른 선택입니다.

하나님의 백성은 어느 날 갑자기 구원받는 것이 아니라 창세 전, 곧 아직 세상을 만드시기 전, 우리가 이 땅에 태어나기 전에 우리를 선택하신 것입니다. 하나님의 모든 일이 그러하듯 창세 전 선택도 우리의 이성으로 이해하기는 심히 어려운 진리로되 단지 하나님께서 그렇게 말씀하시니 "아멘!"[20] 하고 믿는 것입니다. 우리는 이미 창세 전에 선택되어 이 시대에 하나님께서 지극히 귀히 쓰시려고 여기 우리가 섬

---

**20** "아멘"이라는 단어는 "나도 그렇게 생각합니다", "그 의견에 동의합니다", "그렇게 믿습니다"라는 의미입니다.

기는 교회에 보내신 것입니다.

### (2) 성자 하나님의 사역

**에베소서 1:7,12** 우리는 그리스도 안에서 그의 은혜의 풍성함을 따라 그의 피로 말미암아 속량 곧 죄 사함을 받았느니라 이는 우리가 그리스도 안에서 전부터 바라던 그의 영광의 찬송이 되게 하려 하심이라

예수님께서는 창세 전에 선택한 하나님의 백성을 구원하시기 위한 구속 사역을 하셨습니다. 구속이란 저주받을 우리를 위해 대신 저주받으시고 우리 죄를 대신하여 죽으신 후, 죄와 죽음을 이기고 부활하신 것을 말합니다. 주께서 부활하심으로 우리도 죄의 값인 고난과 사망의 권세에서 벗어나 구원을 받았습니다. 이처럼 우리를 위한 예수 그리스도의 고난과 죽음 그리고 부활을 구속 사역이라고 합니다. 성자 하나님께서는 이처럼 선택한 백성을 위해 구속 사역을 담당하셔서 우리가 하나님께 영광과 찬양을 돌리게 하십니다.

### (3) 성령 하나님의 사역

**에베소서 5:13-14** 그러나 책망을 받는 모든 것은 빛으로 말미암아 드러나나니 드러나는 것마다 빛이니라 그러므로 이르시기를 잠자는 자여 깨

어서 죽은 자들 가운데서 일어나라 그리스도께서 너에게 비추이시리라 하셨느니라

성령님의 사역은 예수 그리스도께서 이루신 구속 사역을 교회에 적용하는 일입니다. 예수 그리스도의 구속을 천하에 알리는 일을 위해 교회를 세우신 분이 성령 하나님입니다. 성령이 임하심으로써 비로소 복음이 땅 끝까지 전파되는 것이요,[21] 성령께서 역사하심으로 선택받은 하나님의 백성이 예수 그리스도의 구속 메시지를 듣고 믿는 것입니다.

따라서 사람들이 예수를 주로 믿는 것은 오직 그에게 역사하시는 성령님으로 말미암는 것입니다.[22] 성령님께서는 선택한 사람들이 예수를 믿게 하시고, 믿는 사람을 인(印)치십니다. 인친다는 것은 계약서에 도장을 찍는다는 말인데 우리가 하나님의 자녀가 됐다는 증거로 보통 도장을 찍는 것이 아니라 성령님 자신이 도장이 되신다는 것입니다. 이 말씀은 성령님께서 우리 안에 영원히 계시겠다는 것입니다. 성령님이 스스로 우리 구원의 인(印)이 되어 주신다니요. 이 얼마나 감

---

[21] 사도행전 1:8 "오직 성령이 너희에게 임하시면 너희가 권능을 받고 예루살렘과 온 유대와 사마리아와 땅 끝까지 이르러 내 증인이 되리라 하시니라".

[22] 고린도전서 12:3 "그러므로 내가 너희에게 알리노니 하나님의 영으로 말하는 자는 누구든지 예수를 저주할 자라 하지 아니하고 또 성령으로 아니하고는 누구든지 예수를 주시라 할 수 없느니라".

격스러운 은혜입니까?


## 4. 삼위일체 하나님을 믿음

하나님을 삼위일체 하나님으로 믿지 못하면, 예수를 믿으십시오. 예수 믿는 자들에게는 성령님께서 오셔서 하나님이 삼위일체되심을 믿을 수 있게 인도하십니다. 그리고 믿는 사람은 영생을 얻습니다.

### 함께 나누어요

1. 하나님이 삼위일체로 계심을 믿을 수 있습니까?

2. 어떻게 삼위일체 하나님을 믿을 수 있을까요?

3. 예수님이 하나님이신 것을 배운 내용을 중심으로 써 봅시다.

# 7과
# 내가 죄인임을 믿습니다

**창세기 2:15-17** 여호와 하나님이 그 사람을 이끌어 에덴 동산에 두어 그
것을 경작하며 지키게 하시고 여호와 하나님이 그 사람에게 명하여 이
르시되 동산 각종 나무의 열매는 네가 임의로 먹되 선악을 알게 하는 나
무의 열매는 먹지 말라 네가 먹는 날에는 반드시 죽으리라 하시니라

"당신은 죄인입니다. 회개하고 예수 믿으십시오."
"뭐? 내가 죄인이라구요? 허참 별소릴 다 듣겠네."

현대인들이 가장 듣기 싫어하는 말은 '죄인'이라는 말입니다. 멀쩡
한 사람을 왜 죄인이라고 하느냐는 것입니다. 자신이 죄인이라는 사
실을 진지하게 생각하지 않은 사람은 하나님의 사랑을 비웃고, 예수
님의 십자가 죽음을 자신과 전혀 관계가 없는 것으로 여깁니다. 대부
분의 사람들이 그렇습니다. 사람의 원래 모습을 보시겠습니다.

## 1. 창조주 하나님의 처음 명령

**창세기 2:15-17** 여호와 하나님이 그 사람을 이끌어 에덴 동산에 두어 그
것을 경작하며 지키게 하시고 여호와 하나님이 그 사람에게 명하여 이
르시되 동산 각종 나무의 열매는 네가 임의로 먹되 선악을 알게 하는 나
무의 열매는 먹지 말라 네가 먹는 날에는 반드시 죽으리라 하시니라

하나님께서는 하나님의 모양대로 사람을 만드시고, 사람이 하나님
을 대신하여 세상을 다스리게 하셨습니다. 사람은 하나님의 은혜를
크게 입은 피조물이었습니다. 하나님께서는 사람에게 하나님을 대신
하여 창조 세계를 다스리게 명하셨고, 사람에게 중요한 한 가지 명령
을 하셨습니다. 선악을 알게 하는 나무 열매는 먹지 말라는 것이었습
니다. 만약 먹게 되면 죽는다고 하셨습니다.

흔히들 생각하듯이 선악과에 무슨 마력적인 힘이 있는 것이 아닙니
다. 하나님께서 인간에게 선악과를 먹지 말라고 하신 것은 인간을 죽
음에서 보호하기 위해서였습니다. 인간을 비롯한 모든 피조물은 스스
로 살 수 없습니다. 스스로 살 수 있는 분은 세상에 하나님 한 분뿐입
니다. 식물은 땅에 뿌리를 내려야 살고, 동물도 여러 가지 것을 먹어
야 그 생명을 유지합니다.

하나님의 형상에 따라 만들어진 인간은 더욱 하나님을 의존하여 살
아야 합니다. 풀이 땅에서 뿌리 뽑히면 말라 죽는 것처럼 인간은 하나

님을 떠나는 순간 죽고 맙니다. 그러므로 하나님은 인간의 생명을 지키기 위해서 하나님을 떠나서는 안 된다고 하신 것입니다. 하나님께서 선악과를 먹지 말라고 하신 것은 인간에게 하나님을 떠나고 하나님의 말씀을 거역하면 죽는다는 것을 가르치신 것입니다.


## 2. 하나님을 떠난 인간

**창세기 3:1-8** 그런데 뱀은 여호와 하나님이 지으신 들짐승 중에 가장 간교하니라 뱀이 여자에게 물어 이르되 하나님이 참으로 너희에게 동산 모든 나무의 열매를 먹지 말라 하시더냐 여자가 뱀에게 말하되 동산 나무의 열매를 우리가 먹을 수 있으나 동산 중앙에 있는 나무의 열매는 하나님의 말씀에 너희는 먹지도 말고 만지지도 말라 너희가 죽을까 하노라 하셨느니라 뱀이 여자에게 이르되 너희가 결코 죽지 아니하리라 너희가 그것을 먹는 날에는 너희 눈이 밝아져 하나님과 같이 되어 선악을 알 줄 하나님이 아심이니라 여자가 그 나무를 본즉 먹음직도 하고 보암직도 하고 지혜롭게 할 만큼 탐스럽기도 한 나무인지라 여자가 그 열매를 따 먹고 자기와 함께 있는 남편에게도 주매 그도 먹은지라 이에 그들의 눈이 밝아져 자기들이 벗은 줄을 알고 무화과나무 잎을 엮어 치마로 삼았더라 그들이 그 날 바람이 불 때 동산에 거니시는 여호와 하나님의 소리를 듣고 아담과 그의 아내가 여호와 하나님의 낯을 피하여 동산 나

무 사이에 숨은지라

사단이 하나님을 떠나면 (선악과를 먹으면) 하나님처럼 될 수 있다고
유혹했습니다. 유혹에 넘어가 하나님처럼 되려고 선악과를 따 먹은
사람은 하와였습니다. 남편 아담도 하나님의 말씀에 순종하는 대신
아내에게 순종했고, 결과적으로 사단에게 순종하는 길을 선택했습니
다. 아담과 하와가 선악과를 먹은 이유는 하나님처럼 되기 위해서였
습니다. 선악과를 먹고 하나님을 떠나면 죽으리라는 하나님의 사랑의
음성을 믿지 않은 것입니다. 피조물의 신분에 만족할 수 없다, 하나
님께 순종하며 살기 싫다, 나도 독립하여 하나님의 간섭 없이 살고 싶
다는 교만에 빠져 하나님으로부터 독립을 선언한 것입니다. 오늘날도
하나님으로부터 독립해서 살려는 사람이 대부분입니다.

아담과 하와가 하나님께 불순종하고 독립을 선언했지만 사실은 사
단의 종이 된 것입니다. 선악과를 먹은 것이 하나님께 대한 범죄였다
는 증거는 아담과 하와가 수치심을 느끼고 하나님을 피해 숨은 것입
니다. 사람의 양심이 거의 마비되었지만 사람은 죄를 지으면 수치심
이 생깁니다. 이는 죄가 단순한 것이 아니라 하나님을 떠나고 하나님
께 죄를 지은 것임을 우리에게 알려 주는 중요한 단서입니다.

하나님께서는 우리가 범죄한 것을 하나하나 정확하게 알고 계십니
다. 그런데 인간은 범죄한 사실을 알고 계시는 하나님을 피하는 방법
으로서 어리석게도 눈 가리고 아웅하는 식으로 하나님이 없다고 주장

합니다.[23]


## 3. 범죄의 결과


**창세기 3:17-19** 아담에게 이르시되 네가 네 아내의 말을 듣고 내가 네게 먹지 말라 한 나무의 열매를 먹었은즉 땅은 너로 말미암아 저주를 받고 너는 네 평생에 수고하여야 그 소산을 먹으리라 땅이 네게 가시덤불과 엉겅퀴를 낼 것이라 네가 먹을 것은 밭의 채소인즉 네가 흙으로 돌아갈 때까지 얼굴에 땀을 흘려야 먹을 것을 먹으리니 네가 그것에서 취함을 입었음이라 너는 흙이니 흙으로 돌아갈 것이니라 하시니라


인간은 그를 지으신 하나님의 말씀에 순종하지 않았습니다. 하나님처럼 되겠다는 배은망덕하고 주제넘은 교만 때문입니다. 불순종, 교만, 배은망덕한 것들이 인간이 지은 대표적인 죄입니다. 이러한 죄를 지은 결과는 실로 무서운 것이었습니다.

---

**23** 시편 14:1 "어리석은 자는 그의 마음에 이르기를 하나님이 없다 하는도다 그들은 부패하고 그 행실이 가증하니 선을 행하는 자가 없도다"

### (1) 교제가 단절되었습니다

범죄한 아담과 하와는 하나님을 피하여 숨었습니다. 그 결과 하나님의 존재마저 부정했습니다. 하나님과의 관계 단절은 사람과의 단절을 가져왔습니다. 하와를 향하여 "내 뼈 중의 뼈요 살 중의 살"이라고 [24] 사랑을 고백했던 아담이, "하나님이 만들어 준 저 여자 때문에 죄를 짓게 됐다."라고[25] 하와와 하나님께 동시에 죄를 전가한 것입니다. "나는 죄가 없다. 모두 너 때문이다." 이것이 오늘을 사는 우리 죄인들의 모습입니다.

### (2) 죽음이 찾아왔습니다

하나님의 말씀대로 죽음이 찾아왔습니다. 흙으로 돌아간다는 것은 곧 죽음을 의미합니다. 인간의 죽음은 삼중적으로 나타났는데 먼저는 범죄한 순간 완전히 하나님과 단절되어 영적으로 죽었습니다. 아담의 후손들은 영적으로 죽어 있기에 하나님을 찾을 수 없습니다.[26] 죽은 영혼은 예수를 믿음으로 살아납니다. 둘째로는 육신의 죽음입니다. 인간은 육체적으로도 제한된 시간만을 살 수 있습니다. 하나님을 떠

---

24  창세기 2:23 "아담이 이르되 이는 내 뼈 중의 뼈요 살 중의 살이라 이것을 남자에게서 취하였은즉 여자라 부르리라 하니라."
25  창세기 3:12 "아담이 이르되 하나님이 주셔서 나와 함께 있게 하신 여자 그가 그 나무 열매를 내게 주므로 내가 먹었나이다"
26  에베소서 2:1 "그는 허물과 죄로 죽었던 너희를 살리셨도다"

난 인간에게 육신의 죽음은 인간 세계의 변할 수 없는 법칙으로 자리 잡았습니다.[27]

마지막 죽음은 둘째 사망이라고 하는데 영원한 불못입니다.[28] 곧 지옥에 가는 것을 말합니다. 일반적으로 사람들은 죽으면 존재가 없어지는 것으로 여기는데, 존재가 없어지는 것이 아니라 지옥에 가는 것입니다. 이 모든 죽음에서 해방되는 길은 예수를 믿고 영생을 얻는 것입니다.

### (3) 자연이 저주를 받았습니다

인간의 범죄는 아름다운 자연계에 하나님의 저주를 내리게 했습니다. 인간은 저주받은 자연계를 더욱 파괴하기 시작했습니다. 자연계 파괴는 오늘날 환경 파괴와 생태계 파괴라는 더욱 무서운 상태로 발전되어 이제 회복 불가능한 상태가 되어 가고 있습니다.

### (4) 고생문이 열렸습니다

남자는 평생을 땀을 흘려 수고해야만 가족을 부양할 수 있게 되었습니다. 인간처럼 의식주를 위해 수고하는 존재도 없습니다. 하늘을 나는 새와 땅의 식물들은 의식주를 위해 우리처럼 수고하지 않습니

---

**27** 히브리서 9:27 "한번 죽는 것은 사람에게 정해진 것이요 그 후에는 심판이 있으리니"

**28** 요한계시록 20:14 "사망과 음부도 불못에 던져지니 이것은 둘째 사망 곧 불못이라"

다. 이는 모두가 인간이 죄를 지은 까닭입니다. 여자는 평생 남편에게 순종하며 살아야 하고, 잉태하여 해산하는 수고를 하게 되었습니다. 이 땅 위의 피조물 중 여자처럼 생명을 걸고 자녀를 출산하는 경우는 없습니다. 모두 죄악의 흔적입니다.

### (5) 하나님 나라에서 추방당했습니다

범죄의 결과 인간은 하나님과 교제를 나누고 서로 사랑하며 살던 하나님 나라와 방불한 에덴동산에서 비바람 몰아치는 광야로 추방당했습니다.

### (6) 고난의 연속입니다

하나님 나라에서의 추방은 고난을 의미합니다. 인생은 고난의 연속입니다. 살아가는 곳곳에 고난이 기다리고 있습니다. 사람이 있는 곳에는 고난이 있습니다. 죄 때문입니다.

## 4. 아담의 범죄가 후손에게 미친 영향

**로마서 5:12-14** 그러므로 한 사람으로 말미암아 죄가 세상에 들어오고 죄로 말미암아 사망이 들어왔나니 이와 같이 모든 사람이 죄를 지었으므로 사망이 모든 사람에게 이르렀느니라 죄가 율법 있기 전에도 세상에 있었으나 율법이 없었을 때에는 죄를 죄로 여기지 아니하였느니라 그러나 아담으로부터 모세까지 아담의 범죄와 같은 죄를 짓지 아니한 자들까지도 사망이 왕 노릇 하였나니 아담은 오실 자의 모형이라

아담의 범죄는 아담 당대에 끝나지 않고 후손, 곧 온 인류에게 전 가되었습니다. 성경에 한 사람으로 말미암아 죄가 들어왔다고 했는데 한 사람이란 의미는 대표자와 대리자란 의미입니다. 마치 조상이 김 씨이면 그 후손들 모두가 김 씨인 것과 같은 이치입니다. 죄를 지으면 서 어떻게 죄의 유전을 부정할 수 있겠습니까? 우리는 모두 범죄한 증 거인 죽음을 몸에 지니고 살아갑니다.

## 5. 인간의 타락한 정도

**로마서 3:10-12** 기록된 바 의인은 없나니 하나도 없으며 깨닫는 자도 없 고 하나님을 찾는 자도 없고 다 치우쳐 함께 무익하게 되고 선을 행하는 자는 없나니 하나도 없도다

아담의 후손인 모든 인간은 예외없이 타락했습니다. 모두 죽음 이 후 불못이라는 둘째 죽음에 처해질 것입니다. 죄인의 커다란 특징은 하나님에 대해 무지하다는 것입니다. 하나님이 없다고 주장하는가 하

면, 하나님을 저주하기도 합니다. 하나님이 계신다고 할지라도 하나
님께 드려야 할 마땅한 경배를 드리지 아니합니다. 본질상 모두 죄인
입니다.


## 6. 죄인에게 희망은 없는가?

**사도행전 16:29-30** 간수가 등불을 달라고 하며 뛰어 들어가 무서워 떨며
바울과 실라 앞에 엎드리고 그들을 데리고 나가 이르되 선생들이여 내
가 어떻게 하여야 구원을 받으리이까 하거늘


이처럼 비참하게 절망 중에 있는 것이 인생입니다. 그런데 문제는
이런 절망적인 상황을 사람들이 모른다는 것입니다. 사람들은 막연히
세상 어디엔가 희망이 있으리라고 여깁니다. 아무리 찾아도 세상에는
희망이 없습니다. 지금 있는 것들, 희망으로 여기던 것들은 언젠가 아
침 안개처럼 사라지기 때문입니다.

하지만 자신이 죄인인 것을 솔직하게 인정하고 "내가 어떻게 하여
야 구원을 얻을 수 있습니까?"라고 하면서 하나님을 찾는 사람들에게
희망이 있습니다. 하나님은 이런 사람들에게 찾아오셔서 구원의 길을
안내하십니다.

**사도행전 16:31** 이르되 주 예수를 믿으라 그리하면 너와 네 집이 구원을

받으리라 하고

구원의 길은 여기저기 있는 것이 아닙니다. 길은 하나뿐입니다. 하나님께서는 인간이 구원에 이르는 길을 한 가지만 주셨습니다.

**사도행전 4:12** 다른 이로써는 구원을 받을 수 없나니 천하 사람 중에 구원을 받을 만한 다른 이름을 우리에게 주신 일이 없음이라 하였더라

예수님 한 분만이 유일한 구원의 길입니다. 그래서 예수님은 "예수께서 이르시되 내가 곧 길이요 진리요 생명이니 나로 말미암지 않고는 아버지께로 올 자가 없느니라."(요 14:6)고 하셨습니다.

## 7. 지금 믿으십시오

**고린도후서 6:2** 이르시되 내가 은혜 베풀 때에 너에게 듣고 구원의 날에 너를 도왔다 하셨으니 보라 지금은 은혜 받을 만한 때요 보라 지금은 구원의 날이로다

무엇보다 소중한 구원을 내일로 미루지 마십시오. 내일은 기회가 없습니다. 지금 이 시간에 믿음으로 구원을 얻으십시오. 주변의 불신

자를 향해서는 오늘 믿으라고 인도하십시오. 집이 불타고 있는데 "지
금 불타고 있으니 시간이 되거든 불끄러 와 주시면 감사하겠습니다."
라고 소방서에 전화하는 사람은 없을 것입니다.


### 8. 믿으면

1) 죄 용서를 받습니다.

2) 의롭다고 인정을 받습니다.

3) 구원을 받습니다.

4) 하나님의 자녀가 됩니다.

5) 기도응답을 받습니다.

6) 축복권이 주어집니다.

7) 영생을 얻고 천국을 선물로 받습니다.

8) 성령을 받습니다.

## 함께 나누어요

1. 사람은 왜 죽습니까?

2. 당신은 죄인입니까? 그렇다면 어떻게 해야 될까요?

3. 죄인이 예수님을 믿으면 어떻게 될까요?

# 8과
# 주여! 내가 회개합니다

**마가복음 1:15** 이르시되 때가 찼고 하나님의 나라가 가까이 왔으니 회개하고 복음을 믿으라 하시더라

## 1. 회개의 정의

**갈라디아서 2:20** 내가 그리스도와 함께 십자가에 못 박혔나니 그런즉 이제는 내가 사는 것이 아니요 오직 내 안에 그리스도께서 사시는 것이라 이제 내가 육체 가운데 사는 것은 나를 사랑하사 나를 위하여 자기 자신을 버리신 하나님의 아들을 믿는 믿음 안에서 사는 것이라

사람들은 종종 어떤 사건을 통해 지금까지 행하던 일이나 습관을 급작스럽게 바꾸고 완전히 다른 사람이 되는 경우가 있습니다. 회개란 하나님을 믿지 않고 내 마음껏 세상을 살던 사람이 예수님의 종이

되어 이제부터 주인이 하라는 대로 따르면서 삶의 방향을 바꾸는 것을 말합니다. 회개에는 죄의 깨달음인 지성적 요소와, 죄로 인한 근심의 감정적 요소 그리고 죄를 버리겠다는 결심인 의지적 요소인 지·정·의 3요소를 모두 포함합니다. 회개를 가리켜 인생의 방향 전환이라고 합니다. 한 사람의 생애에서 가장 중요한 순간입니다.


## 2. 하나님의 부르심은 회개를 동반합니다

**누가복음 5:32** 내가 의인을 부르러 온 것이 아니요 죄인을 불러 회개시키러 왔노라


교회에 속한 성도들은 하나님께로부터 은혜를 입음으로써 예수 그리스도의 의를 힘입어 죄많은 세상에서 구출되었습니다. 그런데 이렇게 성도가 예수 그리스도 안에서 죄사함을 받을 때에, 거기에는 죄인이라는 것을 깨닫고 회개하는 행위가 따라오게 되어 있습니다.

회개함으로 구원을 받은 사람은 하나님 나라인 교회에 속하게 됩니다. 하나님 나라에 들어가는 사람에게는 반드시 통과해야 할 문이 있는데, 그것은 바로 회개라는 문(門)입니다. 예수님께서 이 땅에 오셔서 본격적으로 하나님 나라를 세워 가실 때 맨 먼저 요구하신 메시지가 이 회개입니다.

"…회개하라 천국이 가까이 왔느니라 하시더라."(마 4:17)

하나님께서는 회개하는 죄인들을 받으셔서 거룩한 나라의 백성으로 삼으셨습니다. 하나님께서는 회개한 하나님의 백성이 그리스도의 통치를 수행하게 함으로써 공법과 정의를 실현하게 하신 것입니다. 이는 첫 사람 아담에게 주신 사명의 회복입니다. 하나님께서는 아담에게 하나님을 대신하여 세상을 통치하게 하셨지만[29] 아담의 범죄로 통치권을 박탈했다가 회개한 하나님의 백성을 원래 지위로 회복시키셨습니다.

## 3. 주님께서는 죄인을 불러 회개시키러 오셨습니다

**누가복음 5:32** 내가 의인을 부르러 온 것이 아니요 죄인을 불러 회개시키러 왔노라

이 땅 위에 의로운 사람이 하나도 없다고 주장하시는[30] 하나님의

---

**29** 창세기 1:28 "하나님이 그들에게 복을 주시며 하나님이 그들에게 이르시되 생육하고 번성하여 땅에 충만하라, 땅을 정복하라, 바다의 물고기와 하늘의 새와 땅에 움직이는 모든 생물을 다스리라 하시니라"

**30** 시편 14:2-3 "여호와께서 하늘에서 인생을 굽어살피사 지각이 있어 하나님을 찾는

말씀에도 스스로 의롭다고 여기는 가증한 사람들이 있습니다. 스스
로 의롭다고 하는 사람은 구원받을 수가 없습니다. 건강한 사람에게
는 의사가 필요 없습니다(마 9:12). 자신이 죄인이라는 사실을 아는 데서
하나님의 은혜는 시작합니다. 사람은 스스로 하나님과 사람들 앞에서
죄인임을 알 때, 나의 죄 때문에 예수께서 십자가에서 죽으셨다는 것
을 인정할 때 회개합니다.


### 4. 모두가 회개해야 합니다

**사도행전 17:30** 알지 못하던 시대에는 하나님이 간과하셨거니와 이제는
어디든지 사람에게 다 명하사 회개하라 하셨으니

하나님은 사랑이시기에 모든 사람이 회개하고 구원에 이르기를 원
하십니다. 하나님은 우리의 구원을 위해 그의 아들 예수 그리스도를
우리를 위해 주심으로써 우리를 향한 하나님의 사랑을 확증하셨습니
다. 예수님께서 이 땅에 오시기 전, 우리가 알지 못하던 시대에는 허
물치 아니하셨지만 이제는 상황이 바뀌었습니다. 예루살렘에서 시작

---

자가 있는가 보려 하신즉 다 치우쳐 함께 더러운 자가 되고 선을 행하는 자가 없으니
하나도 없도다"

된 회개의 복음이 땅끝까지 전파될 것이기에 이제 이 복음을 듣는 자는 아무도 핑계하지 못합니다.

주님은 인내하심으로 사람들이 회개하기를 기다리십니다. 주님의 인내를 오해한 어떤 사람들은 주님의 재림이 과연 있겠느냐고 조롱합니다. 그러나 주님께서 늦게 오심은 오직 "주의 약속은 어떤 이들이 더디다고 생각하는 것 같이 더딘 것이 아니라 오직 주께서는 너희를 대하여 오래 참으사 아무도 멸망하지 아니하고 다 회개하기에 이르기를 원하시느니라"(벧후 3:9)고 하신 말씀에 드러나듯 모든 사람이 회개하기를 기다리는 것입니다. 아직도 회개하지 않으셨다면 주님 앞에 무릎 꿇고 회개하십시오. 주님께서 용서하시고 은혜를 베푸십니다.


## 5. 지속적인 회개가 필요합니다

**요한계시록 2:5** 그러므로 어디서 떨어졌는지를 생각하고 회개하여 처음 행위를 가지라 만일 그리하지 아니하고 회개하지 아니하면 내가 네게 가서 네 촛대를 그 자리에서 옮기리라

하나님을 믿지 않고 나의 길을 가던 상태에서 하나님께로 확실히 방향을 전환하여 회개한 사람은 단 한 번의 회개로 구원을 받습니다. 이미 목욕한 사람(회개함으로 구원받은 사람)은 구원을 위해 두세 번 회개할

필요가 없는 것입니다.[31]

그런데 성도들은 구원받은 후에도 죄를 짓게 됩니다. 이럴 경우 지은 죄에 대해 용서를 구하는 회개를 해야 한다는 것입니다. 이러한 회개는 처음으로 예수를 믿겠다고 작정하는 회개와는 차이가 있습니다. 이때의 회개를 회심이라고 합니다. 회개하는 성도의 모습은 살아 있는 신앙인의 모습입니다. 성도가 회개하지 않으면 하나님의 징계가 따를 것입니다.[32]

교회가 회개하지 아니하면 하나님께서 촛대를 옮겨 버리실 것입니다. 초대 교회 당시 크게 이름을 날렸던 아시아의 일곱 교회가 회개하지 않음으로 오늘날에는 흔적조차 없어지고 그 대신 이교도의 본거지가 되었습니다.[33] 회개하지 아니하는 자들에 대한 형벌은 이처럼 무섭습니다.

사울은 이스라엘 왕으로 부름을 받았습니다. 왕이 된 후 하나님 말씀을 따르지 않고, 오히려 하나님을 대적합니다. 하나님께서 회개할 기회를 주셨지만 회개하지 않다가 결국 자신은 물론 가문과 더불어 나라까지 망했습니다.

---

**31** 요한복음 13:10 "예수께서 이르시되 이미 목욕한 자는 발밖에 씻을 필요가 없느니라 온 몸이 깨끗하니 너희가 깨끗하나 다는 아니니라 하시니"

**32** 요한계시록 3:19 "무릇 내가 사랑하는 자를 책망하여 징계하노니 그러므로 네가 열심을 내라 회개하라"

**33** 아시아의 초대 일곱 교회가 있었던 터키는 현재 철저한 이슬람 국가입니다. 기독교 선교는 공식적으로 금지되어 있습니다.

## 6. 회개에 합당한 열매를 맺어야 합니다

**마태복음 3:8** 그러므로 회개에 합당한 열매를 맺고

참된 회개는 열매를 요구합니다. 세례요한은 자기 앞에 회개하러 나온 이스라엘 백성을 향해 회개에 합당한 열매를 맺을 것을 요구했습니다.[34]

---

**34** 회개에 합당한 열매

회개에 합당한 열매란 회개하기 전에 행하던 일들 중 하나님의 가르침에 반대되는 것, 사람들에게 지탄을 받은 행위들을 그만두는 소극적인 의미의 열매가 있고, 하나님께서 원하시는 삶을 살아가는 적극적인 열매가 있습니다.

1) 그만둘 것 : 우상숭배, 음행, 불의한 일, 추악한 짓, 탐욕, 악한 생각, 시기, 살인, 분쟁, 사기, 수군수군하는 것, 남을 비방하는 것, 능욕, 교만, 악을 도모하는 것, 부모를 거역하는 것, 배약하는 짓, 무정한 짓, 무자비, 공갈, 협박, 질투, 술취함, 마약, 고리대금업 등 모든 종류의 악한 행실입니다(롬 1:23-32).

2) 힘써 행할 것 : 사랑, 인내, 하나님을 기뻐함, 평화를 만듦, 구제에 힘씀, 복음을 전함, 예배드리기를 기뻐함, 기도함 등 하나님께서 원하시는 모든 삶을 사는 것입니다.

"어느 동네에 들어가든지 너희를 영접하지 아니하거든 그 거리로 나와서 말하되 너희 동네에서 우리 발에 묻은 먼지도 너희에게 떨어버리노라 그러나 하나님의 나라가 가까이 온 줄을 알라 하라 내가 너희에게 말하노니 그 날에 소돔이 그 동네보다 견디기 쉬우리라 화 있을진저 고라신아, 화 있을진저 벳새다야, 너희에게 행한 모든 권능을 두로와 시돈에서 행하였더라면 그들이 벌써 베옷을 입고 재에 앉아 회개하였으리라 심판 때에 두로와 시돈이 너희보다 견디기 쉬우리라"(눅 10:10-14). 하나님 앞에 참으로 회개한 사람은 삶의 구체적인 현장에서 회개의 열매를 맺어 갑니다. 그러함으로 자신이 회개했다는 것을 증거하는 것이요, 구원받은 하나님의 자녀임을 증거하는 것입니다.

## 7. 회개하지 않으신 분들은 지금 회개합시다

**요한계시록 3:20** 볼지어다 내가 문 밖에 서서 두드리노니 누구든지 내 음성을 듣고 문을 열면 내가 그에게로 들어가 그와 더불어 먹고 그는 나와 더불어 먹으리라

아직 회개의 경험이 없으신 분들은 주님 앞으로 나아갑시다. 주님께서는 이 시간에도 우리가 회개하고 돌아오기를 기다리십니다. 우리의 마음문을 두드리고 계십니다. "문 좀 열어다오. 내가 너의 마음속에 들어갈 수 있도록⋯."

베드로와 가룻 유다의 차이는 "회개했느냐, 회개하지 않았느냐"의 차이입니다. 사실 죄 지은 것을 보면 베드로나 유다나 별 차이가 없습니다. 베드로는 회개하고 참 제자가 되었지만 유다는 회개하지 않아 망하고 말았습니다. 회개는 쉽고도 어렵습니다. 어떠한 잘못을 했어도, 무슨 죄를 범했어도 "주님, 제가 범죄했습니다. 불쌍히 여기시고 사해 주세요!"라고 할 때 주님은 "내가 이미 십자가에서 네 죄를 대신했다."라고 하시면서 가슴 깊이 안아 주십니다.

## 8. 회개하면

1) 죄책감에서 해방됩니다.

2) 평강이 임합니다.

3) 성령이 임합니다.

4) 기쁨이 임합니다.

5) 기도응답이 빠릅니다.

6) 관계가 새로워집니다.

7) 감사가 넘칩니다.

### 함께 나누어요

1. 왜 회개해야 하는지 자신의 생각을 말해 봅시다.

2. 두 가지 회개에 대해 설명해 봅시다.

3. 당신은 어떤 회개의 열매를 맺어야 한다고 생각합니까?

# 9과
# 나는 거듭난 새사람이 되었습니다

**마태복음 16:16** 시몬 베드로가 대답하여 이르되 주는 그리스도시요 살아 계신 하나님의 아들이시니이다

사람들마다 시급한 일이 있습니다. 어떤 사람은 직장 문제가 급하고, 어떤 사람은 결혼 문제가 급하며, 어떤 사람은 자녀 문제가 급합니다. 그러나 모든 사람에게 진실로 급한 문제는 따로 있습니다. 거듭나는 일입니다. "거듭난다"는 말은 "위로부터 난다", "하나님께로부터 난다", "다시 태어난다", "구원을 얻는다", "영생을 얻는다" 등 여러 가지 유사한 용어로 사용되고 있습니다.

## 1. 거듭남의 중요성

**요한복음 3:3** 예수께서 대답하여 이르시되 진실로 진실로 네게 이르노니 사람이 거듭나지 아니하면 하나님의 나라를 볼 수 없느니라

깊은 밤에 예수님을 찾아와 상담을 요청한 사람이 있었습니다. 유대 나라의 존경받는 정치인이고 학자였던 니고데모였습니다. 예수님을 향해 여러 질문을 했던 니고데모에게 예수님은 "네가 거듭나는 것이 가장 급하니 우선 거듭나라."고 하셨습니다. 부모에게서 태어난 육신으로만은 천국에 들어갈 수 없습니다. 육으로 난 것은 육이니 하나님 나라에 들어갈 수 없고 멸망받을 뿐입니다. 하나님 나라에 들어가려면 다시 태어나야 합니다. 거듭나야 합니다.

## 2. 어떻게 거듭날 수 있을까요?

**마가복음 1:15** 이르시되 때가 찼고 하나님의 나라가 가까이 왔으니 회개하고 복음을 믿으라 하시더라

예수님은 회개의 복음을 전하러 오셨습니다. 모든 사람은 자신이 죄인인 것을 하나님께 회개해야 합니다. 그러나 사람이 하나님 나라

에 들어가려면 회개한 것만으로는 되지 않습니다. 회개하고 믿어야 합니다. 그러면 무엇을 믿어야 할까요?

**마태복음 16:16** 시몬 베드로가 대답하여 이르되 주는 그리스도시요 살아 계신 하나님의 아들이시니이다

우리가 믿는 신앙을 열두 제자를 대표해 베드로가 주님 앞에 공개적으로 말한 신앙고백과 사도신경을 중심으로 살펴보겠습니다.

첫째, 예수가 주(主)이심을 믿습니다. 십자가에서 죽으신 예수가 나의 주요, 교회의 주이시며, 온 천하의 주인이심을 믿습니다. 둘째, 이 예수는 그리스도이심을 믿습니다. 그리스도란 세상을 구원하시는 구세주라는 말입니다. 셋째, 주 예수 그리스도께서 우리의 죄를 대신 담당하기 위해 십자가에서 죽으셨음을 믿습니다. 넷째, 십자가에서 죽으셨던 주님이 우리를 위해 삼일 만에 부활하셨음을 믿습니다. 다섯째, 하나님은 천지의 창조주이심을 믿습니다. 여섯째, 성령이 우리 안에 거하심을 믿습니다. 일곱째, 성삼위 하나님을 믿습니다.

위의 진리를 믿는 사람이 거듭난 사람이요, 구원받은 사람입니다.[35]

---

**35** 신자들이 하나님과 사람들 앞에서 믿음을 고백하는 것을 "신앙고백"이라고 합니다. 신앙고백의 가장 간단한 형태는 마태복음 16장 16절에 나타난 베드로의 신앙고백입니다. 사도신경은 사도들에 의해 전해진 것으로, 성경 전체를 체계적으로 요약하여

그런데 이렇게 내가 믿는 신앙을 사람들 앞에서 당당히 시인함으로써 비로소 거듭난 사람이라는 증거를 얻게 됩니다. 아직 신앙고백을 하지 못한 분들은 지금 하나님과 사람들 앞에서 자신의 신앙을 고백하십시오. 입을 열어 신앙을 고백함으로써 비로소 마귀의 자녀에서 하나님의 자녀가 되는 것입니다.

> **요한복음 1:12** 영접하는 자 곧 그 이름을 믿는 자들에게는 하나님의 자녀가 되는 권세를 주셨으니

예수를 주와 그리스도로 영접하고 고백하는 사람들에게는 큰 변화가 나타납니다. 먼저 하나님께서 그의 자녀가 되는 권세를 주십니다. 하나님 자녀의 가장 중요한 권세는 사탄의 권세를 물리치는 것입니다. 이것은 사망을 이기는 권세입니다.

### 3. 거듭난 증거

> **고린도후서 5:17** 그런즉 누구든지 그리스도 안에 있으면 새로운 피조물

---

우리의 신앙을 고백한 내용이며, 믿는 자가 반드시 알아야 할 기본적인 기독교 진리입니다. 따라서 신자들은 사도신경에 기록된 진리를 확실히 믿고, 믿음으로 고백해야 합니다.

이라 이전 것은 지나갔으니 보라 새 것이 되었도다

그리스도인은 새로운 피조물입니다. 새로운 피조물이란 도덕적으로나 신체적으로 약간 바뀐 것이 아니라 완전히 다른 사람이 된 것을 말합니다. 성경에서는 새로운 피조물이라고 하는 말씀을 경우에 따라서는 여러 단어로 표시합니다. "거듭났다", "영생을 얻었다", "구원받았다", "하나님의 자녀가 되었다", "위로부터 났다" 등의 표현으로 사용합니다. 이런 말씀이 약간의 뉘앙스는 다를지라도 본질에서는 동일합니다. 그런데 그리스도인이라면 반드시 그리스도인이라는 증거, 즉 새로 태어난 증거가 있어야 합니다. 그렇다면 그리스도인의 거듭난 증거는 무엇일까요? 그리스도인의 거듭난 증거를 요한일서 5장을 중심으로 살펴보겠습니다.

### (1) 사랑

요한일서 5:1  예수께서 그리스도이심을 믿는 자마다 하나님께로부터 난 자니 또한 낳으신 이를 사랑하는 자마다 그에게서 난 자를 사랑하느니라

거듭난 사람의 가장 큰 특징은 사랑입니다(1절). 먼저 하나님을 사랑하게 됩니다. 하나님을 저주하거나 하나님에 대해 관심이 없거나 하

나님의 존재 자체를 부정하던 사람이 힘써 하나님을 사랑합니다.[36]

더불어 거듭난 사람은 자기를 죄에서 구해 주신 예수를 자신의 생명보다 더욱 사랑합니다. 세상 누구보다, 그 무엇보다 예수를 더욱 사랑합니다. 예수로만 소망을 삼습니다.

그리고 신앙의 형제들을 사랑합니다. 영혼의 아버지를 사랑하는 사람은 반드시 그의 자녀인 성도를 사랑합니다. 이 사람은 형제를 사랑할 때 결코 말과 혀로만이 아니라 어려움을 함께 나누는 행함과 진실함을 보입니다.[37]

하나님을 알지 못하는 이웃을 불쌍히 여겨 사랑함으로 모든 이웃을 향해 복음을 전하기로 작정합니다. 가족 중 믿지 않는 사람에서부터 친지, 친구들에 이르기까지 복음을 전하기 위해 기도합니다. 기회가 생기면 놓치지 않고 복음을 전하여 영혼을 교회로 인도합니다.

### (2) 말씀에 순종함

요한일서 5:2-3 우리가 하나님을 사랑하고 그의 계명들을 지킬 때에 이로써 우리가 하나님의 자녀를 사랑하는 줄을 아느니라 하나님을 사랑하는 것은 이것이니 우리가 그의 계명들을 지키는 것이라 그의 계명들은

---

**36** 시편 18:1 "나의 힘이신 여호와여 내가 주를 사랑하나이다"
**37** 요한일서 3:18 "자녀들아 우리가 말과 혀로만 사랑하지 말고 행함과 진실함으로 하자"

무거운 것이 아니로다

거듭난 사람은 하나님의 말씀에 즐겁게 순종합니다(2-3절). 실로 거듭난 사람을 판가름하는 시금석은 하나님의 말씀에 대한 순종 여부입니다. 이 사람은 주의 말씀을 지키기 위해 자신의 손해를 기꺼이 감수합니다. 자신의 주장을 버리고 주님의 주장에 항상 주목합니다. 자기 십자가를 지고 주님의 말씀을 따르는 올곧은 믿음을 통해 스스로가 거듭난 사람이라는 사실을 증거합니다.

### (3) 믿음으로 세상을 이김

**요한일서 5:4** 무릇 하나님께로부터 난 자마다 세상을 이기느니라 세상을 이기는 승리는 이것이니 우리의 믿음이니라

거듭난 사람만이 세상을 이기며 살아갑니다(4절). 모든 사람은 육체의 욕심을 따라 살고, 사망의 대로(大路)를 향해 거침없이 나아갑니다. 그러나 거듭난 사람은 세상의 방식을 따르지 아니합니다. 유행을 따라 살지 않습니다. 믿음으로 살고 영원한 천국을 바라보며 삽니다.

**(4) 기도와 응답을 확신**

데살로니가전서 5:17  쉬지 말고 기도하라

거듭난 사람은 기도하는 사람입니다. 기도를 자신이 할 수 있는 가장 큰 일로 여기는 사람, 바쁠수록 더욱 기도하는 사람, 기도하는 시간이 세상에서 가장 소중한 것임을 확실히 아는 사람이 새로 난 사람입니다. 거듭난 사람은 기도를 쉬는 죄를 범하지 않습니다.

**(5) 죄를 짓지 않으려고 노력함**

요한일서 5:18  하나님께로부터 난 자는 다 범죄하지 아니하는 줄을 우리가 아노라 하나님께로부터 나신 자가 그를 지키시매 악한 자가 그를 만지지도 못하느니라

거듭난 사람은 죄와 싸우는 사람입니다(18절). 거듭난 사람만이 스스로가 죄인임을 믿습니다. 스스로를 죄인의 괴수로 여깁니다. 따라서 아무리 큰 죄를 지은 사람도 정죄하지 않습니다. 자신의 죄의 본성을 알기에 늘 죄를 조심합니다. 말 한마디 행동 하나도 함부로 하지 않으려고 애씁니다. 거룩하신 하나님을 본받는 것을 최고의 사명으로 알고 살아갑니다. 행여 범죄하면 애통해하며 회개합니다. 자신의 죄뿐

만 아니라 세상 죄까지 슬퍼하며 하나님께 사죄의 은총을 구합니다.

### (6) 예수 제일주의로 살아감

**요한일서 5:20** 또 아는 것은 하나님의 아들이 이르러 우리에게 지각을 주사 우리로 참된 자를 알게 하신 것과 또한 우리가 참된 자 곧 그의 아들 예수 그리스도 안에 있는 것이니 그는 참 하나님이시요 영생이시라

거듭난 사람은 예수 제일주의로 사는 사람입니다(20절). 예수를 아는 것을 최고의 영광으로 여깁니다. 예수를 더욱 잘 알기 위해 평생을 힘쓰는 사람입니다. 예수 외의 모든 지식은 분토처럼 여깁니다. 예수만 자랑하며 삽니다. 예수님의 명령만 따르려 합니다. 예수 때문에 살고, 예수 때문에 죽습니다. 먹어도 예수를 위해, 마셔도 예수를 위해, 잠을 자도 예수를 위해, 자녀를 기르는 것도 예수를 위해, 무슨 일을 하든지 오직 예수를 위해 합니다.[38]

---

**38** 고린도전서 10:31 "그런즉 너희가 먹든지 마시든지 무엇을 하든지 다 하나님의 영광을 위하여 하라"

## 4. 거듭난 결과

거듭난 사람에게는 반드시 거듭난 결과가 생겨납니다. 거듭난 사람에게는 다음과 같은 신분의 변화가 생깁니다.

### (1) 새로운 생명이 생겼습니다

**요한복음 5:24** 내가 진실로 진실로 너희에게 이르노니 내 말을 듣고 또 나 보내신 이를 믿는 자는 영생을 얻었고 심판에 이르지 아니하나니 사 망에서 생명으로 옮겼느니라

거듭난 사람에게 허락된 생명은 부모에게 받은 흙으로 돌아갈 육적 생명이 아닙니다. 하나님에게 받은 영생입니다. 하나님께서 주신 생명을 새생명, 영생이라고 합니다. 영생은 영원한 생명이라는 의미와 더불어 천국에서 하나님과 동거, 동행하는 생명입니다.

### (2) 새로운 마음이 생겼습니다

**에스겔 11:19** 내가 그들에게 한 마음을 주고 그 속에 새 영을 주며 그 몸 에서 돌 같은 마음을 제거하고 살처럼 부드러운 마음을 주어

완고하게 굳어 하나님을 거역하던 마음이 하나님 말씀에 순종하는 부드러운 마음으로 바뀌었습니다. 우리 마음을 부드럽게 하신 분은 성령님이십니다. 성령님으로 인해 부드러운 마음이 형성되면 성령의 은사가 나타나고, 성령의 열매가 맺힙니다.

### (3) 새로운 부모가 생겼습니다

**로마서 8:14-15** 무릇 하나님의 영으로 인도함을 받는 사람은 곧 하나님의 아들이라 너희는 다시 무서워하는 종의 영을 받지 아니하고 양자의 영을 받았으므로 우리가 아빠 아버지라고 부르짖느니라

영혼의 아버지로 하나님을 모시게 된 것입니다. 사실 인생을 지으신 분이 하나님이시기에 우리가 하나님을 믿는 것은 다름 아닌 본향을 찾아간 것입니다. 이제 비로소 참 효도의 길이 열린 것입니다. 자녀는 효도를 통해 아버지와 관계가 깊어지며, 아버지의 능력을 받고, 아버지의 유산을 받습니다.

### (4) 새로운 형제가 생겼습니다

**고린도전서 16:20** 모든 형제도 너희에게 문안하니 너희는 거룩하게 입맞춤으로 서로 문안하라

과거에는 육신의 형제들이 있었지만 이제는 믿음의 형제들이 많아진 것입니다. 이들은 하나님 나라에서 영원히 살 사람들입니다. 영원히 하나님 나라에서 살아갈 사람들과 형제가 된다는 것은 신비입니다. 형제와 국가를 초월하고, 남녀노소를 초월하며, 빈부를 초월합니다. 성도는 모두 주 안에서 한 형제입니다.

**(5) 새로운 피조물이 되었습니다**

**고린도후서 5:17** 그런즉 누구든지 그리스도 안에 있으면 새로운 피조물이라 이선 것은 지나갔으니 보라 새 것이 되었도다

그리스도인은 이제 새로운 피조물입니다. 죄악된 옛사람은 이제 지나갔습니다. 모든 것이 새롭습니다. 몸과 마음이 새로운 것이요, 부모가 새롭고, 형제가 새로우며, 새 나라의 백성이 되었습니다. 매일매일이 새롭고, 모든 환경이 새로우며 , 삶의 부분 부분이 새롭습니다. 이것이 새로운 하나님 나라의 삶입니다.

**(6) 새로운 영적 이해가 생기기 시작합니다**

**고린도전서 2:14** 육에 속한 사람은 하나님의 성령의 일들을 받지 아니하나니 이는 그것들이 그에게는 어리석게 보임이요, 또 그는 그것들을 알

수도 없나니 그러한 일은 영적으로 분별되기 때문이라

세상 지식에 해박한 사람들도 하나님의 말씀인 성경의 진리는 전혀 이해하지 못합니다. 하나님에 관한 영적 진리는 구원받음으로써 비로소 눈을 뜨게 됩니다. 자신이 죄인이라는 사실도 알게 됩니다. 천국과 지옥이 있다는 것도 알게 됩니다. 새로운 세상에 눈을 떠갑니다.

### (7) 새로운 도덕적 경향이 생겨납니다

요한일서 2:29  너희가 그가 의로우신 줄을 알면 의를 행하는 자마다 그에게서 난 줄을 알리라

거듭난 사람은 이제 죄악된 삶의 모습을 버리고 의롭게 살고자 하는 마음으로 충만해집니다. 이것은 성령께서 새로난 사람에게 주시는 새마음입니다. 죄를 미워하고 거룩을 사랑합니다. 죄를 미워하는 것이 그리스도인 된 사람의 큰 특징입니다.

### (8) 천국 호적에 이름이 기록됩니다

요한계시록 3:5  이기는 자는 이와 같이 흰 옷을 입을 것이요 내가 그 이름을 생명책에서 결코 지우지 아니하고 그 이름을 내 아버지 앞과 그의

천사들 앞에서 시인하리라

거듭난 사람은 하나님 나라의 생명책에 그 이름이 기록됩니다. 성도의 시민권은 하늘에 있습니다. 그래서 성도는 이 땅을 살면서 동시에 천국을 사는 것입니다. 성도는 하늘과 땅을 연결시키는 자입니다.

**(9) 새 노래를 부르게 됩니다**

**요한계시록 5:9** 그들이 새 노래를 불러 이르되 두루마리를 가지시고 그 인봉을 떼기에 합당하시도다 일찍이 죽임을 당하사 각 족속과 방언과 백성과 나라 가운데에서 사람들을 피로 사서 하나님께 드리시고

찬양은 거듭난 하나님 나라의 백성이 하나님께 드리는 새로운 노래입니다. 세상 사람들은 결코 성도들이 부르는 찬송을 하나님께 드릴 수 없습니다. 성도는 예배 중에 천상의 노래를 부르며 삶 가운데서도 하나님을 향한 감사 찬송을 쉬지 않습니다.

함께 나누어요

1. 당신이 거듭난 사람이라면 그 증거를 말해 보세요.

2. 당신에게 있는 거듭난 결과를 구체적으로 말해 봅시다.

3. 거듭난 사람은 어떻게 살아야 할까요?

# 10과
# 나는 구원의 확신이 있습니다

**요한복음 5:24** 내가 진실로 진실로 너희에게 이르노니 내 말을 듣고 또 나 보내신 이를 믿는 자는 영생을 얻었고 심판에 이르지 아니하나니 사망에서 생명으로 옮겼느니라

예수님을 믿는 새신자에게는 구원의 확신과 관계되는 진리가 매우 중요합니다. 그런데 수많은 사람이 이 구원 문제를 등한히 여기고 있습니다. 어떤 이들은 신앙의 연조로 구원이 이루어지는 줄 생각합니다. 또 어떤 이들은 열심을 내야 구원을 받는 줄로 생각합니다. 그러다가 열심이 떨어지거나 잠시 교회에 나가지 못하면 구원을 잃어버린 것처럼 여기기도 합니다. 그러기에 10년, 20년 신앙생활을 했다고 하는 사람도 구원을 확신하지 못하는 경우가 많습니다.

구원은 우리의 신앙의 궁극적인 것일 뿐만 아니라 성경의 기록 목적이기도 합니다. 요한일서 5장 13절은 다음과 같이 말합니다. "내가 하나님의 아들의 이름을 믿는 너희에게 이것을 쓰는 것은 너희로 하

여금 너희에게 영생이 있음을 알게 하려 함이라." 이 말은 우리가 예수 그리스도로 말미암아 영원한 생명을 얻고 있다는 사실을 잘 알고 확신해야 한다는 것을 뜻합니다.


## 1. 구원의 확신을 점검해야 합니다

**데살로니가전서 1:5상** 이는 우리 복음이 너희에게 말로만 이른 것이 아니라 또한 능력과 성령과 큰 확신으로 된 것임이라

구원의 확신은 남녀노소를 막론하고 그리스도인이라면 누구나 점검해 보아야 하는 중요한 문제입니다. 구원받지도 못한 상태에서 예배당만 오가는 것은 매우 불행한 일입니다. 좋은 믿음에는 확신이라는 열매가 따르기 마련입니다. 믿으면서 흔들리는 사람보다 한 번 믿으면 반석 위에 굳게 서서 흔들리지 않는 사람을 주님은 더 칭찬하실 것입니다. 그는 훨씬 적극적으로 신앙생활을 할 수 있을 것입니다.

## 2. 확신이 없으면 버림받은 자입니다

**고린도후서 13:5**  너희는 믿음 안에 있는가 너희 자신을 시험하고 너희 자신을 확증하라 예수 그리스도께서 너희 안에 계신 줄을 너희가 스스로 알지 못하느냐 그렇지 않으면 너희는 버림 받은 자니라

그리스도인이라는 말에는 "그리스도를 모시고 있는 사람", "그리스도와 함께 사는 사람", "작은 그리스도" 등의 의미가 포함되어 있습니다. 그리스도인이라고 하면서 구원의 확신이 없다는 것이 오히려 이상한 것입니다. 성경은 확신이 없는 사람을 버림받은 자라고 말합니다. 예컨대 사람들도 자신의 부모에 대해 저 사람이 진짜 내 부모냐 아니냐 하는 문제로 확신하지 못하는 경우는 없습니다.

## 3. 확신의 근거는 하나님의 말씀입니다

**요한복음 10:28-29**  내가 그들에게 영생을 주노니 영원히 멸망하지 아니할 것이요 또 그들을 내 손에서 빼앗을 자가 없느니라 그들을 주신 내 아버지는 만물보다 크시매 아무도 아버지 손에서 빼앗을 수 없느니라

성도가 구원을 확신한다고 했을 때 확신의 근거가 무엇이냐 하는

사실은 아주 중요합니다. 상당히 많은 그리스도인이 구원의 확신을 자신의 감정이나 경험에 둡니다. 기도하다가 구원받은 느낌을 받았다거나, 방언을 말하는 것이 구원받은 증거라는 등의 이야기를 합니다. 전혀 근거가 없는 말은 아니지만 정답은 물론 아닙니다. 주관적인 경험이나 감정은 언제나 변할 수 있습니다. 구원이 사람의 감정이나, 경험에 의해 좌우되는 것이라면 대단히 곤란합니다. 사람의 감정은 아침저녁으로 바뀌는 것이니까요. 사람의 구원을 보증해 주는 객관성 있는 확신이 절대적으로 필요합니다.

구원의 확신은 철저히 하나님의 말씀에 의존합니다. 하나님은 인생이 아니십니다. 인생은 거짓말을 할 수 있고, 한 번 한 말을 잊어버릴 수도 있으며, 심지어 능력이 부족해서 약속을 지키지 못할 수도 있습니다. 그러나 하나님은 전능하신 분이십니다. 따라서 능치 못할 일이 하나님께는 없습니다. 하나님은 인생이 아니시기 때문에 한 번 하신 말씀을 취소하시는 분이 아닙니다.

하나님이 약속하신 것은 반드시 이루십니다. 하나님께서는 오랜 세월을 두고 성경을 통해 수많은 약속을 하셨으며, 약속하신 것을 이루지 않으신 것이 없습니다. 이런 하나님께서는 믿는 자에게 반드시 영생을 주신다고 하셨습니다. 변하기 쉬운 당신의 감정을 믿으십니까? 불변하시는 하나님의 말씀을 믿으십니까?

## 4. 믿는 자는 영생을 얻었습니다

**요한복음 5:24** 내가 진실로 진실로 너희에게 이르노니 내 말을 듣고 또 나 보내신 이를 믿는 자는 영생을 얻었고 심판에 이르지 아니하나니 사 망에서 생명으로 옮겼느니라

요한복음 5장 24절 말씀에 따르면, 하나님의 아들 예수 그리스도를 믿는 사람은 이미 영생을 얻었다고 합니다. 많은 그리스도인이 영생 을 앞으로 얻게 될 미래형으로 생각하는 경향이 있습니다. 그러나 성 경은 분명히 말하고 있습니다. 모든 사람은 반드시 죽고, 죽은 후에는 반드시 심판을 받을 것이로되,[39] 믿는 자는 영생을 얻을 뿐만 아니라 심판에 이르지도 아니한다고 말씀합니다.

믿는 자는 사망에서 생명으로 옮겨진 것입니다. 내 감정, 다른 사람 의 말, 사탄의 송사에 귀를 기울이지 마십시오. 우리 자신보다 우리를 사랑하시는 하나님, 전능하신 하나님, 약속한 것을 반드시 이루시는 하나님의 말씀을 믿으셔야 합니다. 하나님 말씀을 믿는 것이 하나님 을 믿는 것입니다. 하나님 말씀을 믿을 때 영생을 얻고, 하나님 말씀 을 믿을 때 능력이 나타나며, 하나님 말씀을 믿을 때 예수님께서 기뻐

---

[39] 히브리서 9:27 "한번 죽는 것은 사람에게 정해진 것이요 그 후에는 심판이 있으리 니"

하십니다.


## 5. 구원의 확신을 방해하는 것들

**디모데후서 3:13-15** 악한 사람들과 속이는 자들은 더욱 악하여져서 속이기도 하고 속기도 하나니 그러나 너는 배우고 확신한 일에 거하라 너는 네가 누구에게서 배운 것을 알며 또 어려서부터 성경을 알았나니 성경은 능히 너로 하여금 그리스도 예수 안에 있는 믿음으로 말미암아 구원에 이르는 지혜가 있게 하느니라


현실적으로 성도들의 구원의 확신을 방해하는 사탄의 역사가 있습니다. 예수 그리스도를 믿었지만 확신이 없는 이유는 악한 자, 속이는 자인 사탄의 교묘한 방해 때문입니다. 불신앙은 모조리 사탄의 방해임을 알아야 합니다. 사탄은 사람들이 하나님을 믿지 못하게 하는 것이 최대의 목적이고, 둘째로는 믿는 자들이 확신을 가지지 못하게 하는 것이 목적입니다. 왜냐하면 확신을 가진 성도는 사탄을 이기는 권세로 열심히 하나님을 섬기나, 확신이 없는 사람들은 신앙생활을 잘하지 못하기 때문입니다.

그러므로 성도는 늘 확신에 거하기 위해 힘써야 합니다. 구원을 확신하는 길은 하나님 말씀 안에 거하는 것이 가장 좋은 방법입니다. 그

래서 항상 말씀에서 떠나지 말아야 합니다. 사람이 하루 종일 먹지 아니하면 몸에 문제가 생깁니다. 이보다 더욱 확실한 것은 성도가 말씀 안에 거하지 아니하면 반드시 영적 문제가 발생한다는 것입니다. 따라서 성도는 말씀을 배우는 일을 무엇보다 우선적으로 해야 합니다. 하나님의 말씀만이 사람을 생명으로 인도합니다.

그리고 말씀을 배우는 일은 어릴수록 좋습니다. 또 하나님의 말씀은 믿음이 좋은 스승 밑에서 배워야 합니다. 디모데는 어려서부터 신앙이 좋은 외할머니에게서 말씀을 배웠습니다. 그 결과 구원에 이르렀을 뿐만 아니라 여러 사람을 향해 능히 구원의 말씀을 가르치는 지도력을 지닐 수 있게 되었습니다. 말씀을 배우는 것을 기뻐하는 사람은 항상 확신에 거할 뿐만 아니라 하나님의 구원 역사를 체험하고 다른 사람에게 하나님의 구원을 가르치게 됩니다.

## 6. 참된 확신과 거짓 확신의 차이

거짓 확신으로 신앙생활을 하는 경우도 있습니다. 구원의 확신은 영혼이 구원받느냐, 그렇지 못하느냐의 중대한 문제이기 때문에 거짓 확신에 빠져서는 안 될 것입니다. 참된 확신이 꾸밈없는 겸손을 낳는 데 반하여, 거짓된 확신은 영적 교만을 낳습니다. 참된 확신은 거룩한 생활을 하도록 인도하며, 거짓된 확신은 악한 길로 빠지게 합니다. 참된 확신이 있게 되면 솔직한 자기반성이 따르게 되고 하나님께서 자기를 살펴 바로잡아 주시기를 소원하게 되지만, 거짓된 확신이 있으면 겉모양으로 만족하고 자신을 살피는 것을 회피하는 경향이 있게 됩니다. 참된 확신의 경우는 하나님과 더욱 친밀한 교제를 갖기를 항상 사모하지만, 거짓된 확신의 경우는 그렇지 못합니다.

어떤 사람에게 있는 확신의 확실성을 판가름해 주는 것은 그에게 있는 확신의 강도가 아니라, 그에게 있는 확신의 성격입니다. 어떤 사람은 자기가 구원받은 것을 광신적으로 확신하는 경우가 있지만 흔히 "잘못되어 있다."라는 것을 스스로 드러내는 데 지나지 않는 경우가 있습니다.

구원의 근거는 객관적인 하나님 말씀입니다. 그러나 확신은 개인의 주관적 확신입니다. 그러므로 확신은 2차적이요, 개인적입니다. 아직까지 확신이 없는 자는 먼저 아직 믿음의 고백을 하지 않은 경우입니다. 다음은 말씀을 받을 기회가 없었던 탓이고(오래 다녔으나 성경을 모릅니다), 마지막으로는 신앙생활의 체험이 부족하여 말씀을 자신의 것으로 삼지 못했을 경우입니다. 그러므로 우리는 객관적인 사실을 자신의 것으로 삼아야 합니다. 물론 확신은 믿음의 열매이지 구원 자체는 아닙니다. 그러나 헌신적인 삶을 위해서는 확신이 필요합니다.

### 7. 구원받은 자의 축복

#### (1) 하나님의 자녀가 되는 권세

구원받은 사람은 하나님의 자녀가 되는 권세를 받습니다. 권세는 글자 그대로 권력과 세력입니다. 이 권세는 세상 사람들에게 있는 권세와 질적으로 다릅니다. 영적인 권세요, 사랑하는 권세이며, 봉사하는 권세입니다. 이 권세만이 사탄의 권세를 이기는 큰 능력입니다. 이 권세가 구체적으로 은사와 열매로 나타납니다. 가르치는 권세, 병 고치는 권세, 믿음의 권세 등의 모든 은사와 사랑, 희락, 화평 등의 모든 성품의 열매로 나타납니다.

#### (2) 기도 응답을 받는 권세

기도 응답의 권세는 하나님의 자녀가 되는 권세에 뒤따라오는 권세입니다. 아들의 자격으로 뭐든지 기도하면 하나님께서는 아버지의 자격으로 반드시 응답하십니다. 자녀들이 많이 기도할수록 아버지께서는 크게 기뻐하십니다. 자녀들은 믿음으로 기도하기를 즐거워해야 합니다. 모세가 기도했더니 바다가 갈라지고 수많은 전쟁에서 이기며, 엘리야가 기도했더니 하늘에서 비가 내려오고, 베드로가 기도했더니 죽은 다비다가 살아나며, 바울이 기도했더니 옥문이 열렸습니다.

### (3) 하나님의 보호를 받는 권세

구원받는 성도는 하나님의 특별한 보호를 받습니다. 하나님은 자녀들의 머리카락 수효까지 아실 정도로 철저히 관찰하시고 지키시며 보호하십니다. 사망과 음부의 권세로부터 지키십니다. 모든 위험과 환란에서 지키십니다. 하나님의 보호하심은 우리에게 절대적 평안을 선물합니다.

우리가 오늘날까지 안전하고 평화롭게 숨쉬며 살아 있는 것도 하나님께서 보호해 주신 은혜입니다. 하나님의 보호하는 권세는 성도들의 모든 삶에 나타나며, 특히 복음을 전하고 주님의 뜻을 행할 때 더욱 분명하게 나타납니다.

**함께 나누어요**

1. 당신이 거듭난 사람이라면 그 증거를 말해 보세요.

2. 구원의 확신이 중요한 이유는 무엇일까요?

3. 구원을 확신할 수 있는 가장 좋은 근거는 무엇입니까?

# 11과
# 예배 받으심을 믿습니다 (1)

## 예배론

**요한복음 4:23-24** 아버지께 참되게 예배하는 자들은 영과 진리로 예배할 때가 오나니 곧 이 때라 아버지께서는 자기에게 이렇게 예배하는 자들을 찾으시느니라 하나님은 영이시니 예배하는 자가 영과 진리로 예배할지니라

지상에서 가장 아름답고도 귀중한 일이 무엇인지 아십니까? 성도들이 하나님께 드리는 예배입니다. 사람만이 예배를 드립니다. 인간이 짐승과 구별되는 특징은 하나님께 예배를 드릴줄 아는 능력을 받았다는 것입니다.

## 1. 예배란 무엇일까요?

**시편 95:6-7** 오라 우리가 굽혀 경배하며 우리를 지으신 여호와 앞에 무릎을 꿇자 그는 우리의 하나님이시요 우리는 그가 기르시는 백성이며 그의 손이 돌보시는 양이기 때문이라 너희가 오늘 그의 음성을 듣거든

"예배"(禮拜)라는 한자어는 '예절을 갖추어 절한다'는 의미입니다. 예배란 본래 '최상의 존재에게 드리는 최대한의 공경'을 의미하는 말로 쓰입니다. 최상의 존재는 물론 하나님 한 분뿐입니다. 즉 '최상의 존재인 하나님 앞에 나아가 하나님의 말씀을 듣고 그 말씀에 믿음으로 반응하며, 하나님을 향하여 최대한의 존경·경배·찬양·영광을 드리는 것'이 예배입니다.

## 2. 예배와 교회

**요한복음 4:23-24** 아버지께 참되게 예배하는 자들은 영과 진리로 예배할 때가 오나니 곧 이 때라 아버지께서는 자기에게 이렇게 예배하는 자들을 찾으시느니라 하나님은 영이시니 예배하는 자가 영과 진리로 예배할지니라

교회의 가장 중요한 사명은 하나님께 예배를 드리는 일입니다. 하나님 앞에 제단을 쌓고 하나님의 말씀을 바르게 선포하는 일입니다. 하나님께서는 신령과 진정으로 예배드리는 자들을 찾으십니다. 하나님 앞에 예배드리는 사람을 찾으시는 하나님의 심정을 알고 마음을 다하여 부지런히 예배드리는 사람에게 하나님께서는 큰 은혜를 베푸실 것입니다. 십계명 중 1계명부터 4계명까지는 하나님께 예배드리라는 예배 명령입니다. 그리고 교회가 이 땅에 존재하는 목적도 '하나님을 영화롭게 하고 영원히 하나님을 즐거워하는 것'입니다. 인간이 하나님께 최대한의 영광을 돌릴 수 있는 것은 예배를 통해서입니다.

## 3. 예배의 중요성

### (1) 제1계명의 강조

**출애굽기 20:2-6** 나는 너를 애굽 땅, 종 되었던 집에서 인도하여 낸 네 하나님 여호와니라 너는 나 외에는 다른 신들을 네게 두지 말라 너를 위하여 새긴 우상을 만들지 말고 또 위로 하늘에 있는 것이나 아래로 땅에 있는 것이나 땅 아래 물 속에 있는 것의 어떤 형상도 만들지 말며 그것들에게 절하지 말며 그것들을 섬기지 말라 나 네 하나님 여호와는 질투하는 하나님인즉 나를 미워하는 자의 죄를 갚되 아버지로부터 아들에게

로 삼사 대까지 이르게 하거니와 나를 사랑하고 내 계명을 지키는 자에게는 천 대까지 은혜를 베푸느니라

예배가 중요한 이유는 하나님께서 성경을 통해 예배의 중요성을 수없이 강조하셨기 때문입니다. 하나님께서 주신 말씀 중 가장 중요한 것 중의 하나가 십계명입니다. 십계명의 첫째가 예배 명령입니다. 십계명에서는 하나님만 예배할 것을 명하고, 다른 신들이나 우상을 예배하는 것을 철저히 금하고 있습니다. 우상에게 예배하는 자들은 자손 대대로 망할 것이나, 하나님을 예배하는 자들에게는 천대까지 은혜를 베푸신다고 약속하심으로 예배의 중요성을 기회 있을 때마다 강조하십니다.

### (2) 성막, 성전을 소중히 여기심

**출애굽기 25:22** 거기서 내가 너와 만나고 속죄소 위 곧 증거궤 위에 있는 두 그룹 사이에서 내가 이스라엘 자손을 위하여 네게 명령할 모든 일을 네게 이르리라

하나님께서는 애굽에서 그의 백성을 부르시자 곧 예배를 가르치셨습니다. 예배드릴 장소로서 성막과 성전은 하나님의 특별한 관심의 대상이 됩니다. 성막과 성전은 구약 시대에 지구상에서 하나님께서

그의 백성에게 예배를 받으시는 중요한 장소였습니다. 하나님께서는 예배의 중요성을 보이기 위해 성막을 만드는 기준 치수, 재료 등을 친히 명하시는 데에 총 일곱 장을 할애하십니다. 천지창조가 매우 중요함에도 세 장을 할애하신 것에 비하면 하나님께서 예배를 얼마나 소중하게 여기셨는지를 알 수 있습니다. 예배드리는 성막 위치도 이스라엘의 진 중앙에 있도록 했으며, 예배드리는 제사장들도 특별히 뽑아 훈련시키고, 예배드리는 방법도 아주 상세히 설명하십니다. 성막 대신 세워진 솔로몬 성전도 온 정성을 다해 지어졌습니다. 이 모두가 예배에 대한 중요성 때문입니다.

### (3) 천상의 예배

**이사야 6:1-3** 웃시야 왕이 죽던 해에 내가 본즉 주께서 높이 들린 보좌에 앉으셨는데 그의 옷자락은 성전에 가득하였고 스랍들이 모시고 섰는데 각기 여섯 날개가 있어 그 둘로는 자기의 얼굴을 가리었고 그 둘로는 자기의 발을 가리었고 그 둘로는 날며 서로 불러 이르되 거룩하다 거룩하다 거룩하다 만군의 여호와여 그의 영광이 온 땅에 충만하도다 하더라

하나님의 특별하신 목적 때문에 이사야 선지자가 하늘 보좌에 계신 하나님을 뵙게 됩니다. 이사야는 거기서 하나님께 예배드리는 천사(스

랍)의 모습을 봅니다. 여섯 날개를 가진 스랍은 모든 날개와 온 정성을
총동원하여 하나님께 예배드리고 있습니다. 두 날개로는 하나님의 영
광을 바로 볼 수 없기 때문에 얼굴을 가렸고, 하나님의 거룩한 임재로
발을 가렸으며, 나머지 두 날개로는 하나님의 거룩하심을 찬양하고
경배하며 하나님께 예배드리고 있습니다.


### (4) 신약의 권고


**로마서 12:1-2** 그러므로 형제들아 내가 하나님의 모든 자비하심으로 너
희를 권하노니 너희 몸을 하나님이 기뻐하시는 거룩한 산 제물로 드리
라 이는 너희가 드릴 영적 예배니라 너희는 이 세대를 본받지 말고 오직
마음을 새롭게 함으로 변화를 받아 하나님의 선하시고 기뻐하시고 온전
하신 뜻이 무엇인지 분별하도록 하라


로마서는 성경 전체를 요약해 놓은 것과 같은 중요한 교훈으로 가
득 차 있습니다. 바울은 11장까지 하나님의 자비, 예수님의 사랑, 성령
님의 구속, 인간의 죄, 구원의 길 등의 성경의 주옥 같은 진리를 말합
니다. 이 모든 중요한 교리를 말한 바울은 이제 그러므로 그 하나님께
예배드리라고 합니다. 즉 11장까지를 길게 말씀하신 목적이 바로 하나
님께 바른 예배를 드리기 위함이었다는 것입니다.

### (5) 예배를 드림으로 결정되는 영생

예배는 신자의 삶에서 가장 중요한 부분입니다. 그 사람이 드리는 예배에 의해 그의 운명이 결정되기 때문입니다. 하나님을 예배하는 사람은 영생에 이르고 우상에게 예배하는 자는 멸망에 이를 것입니다. 하나님께서 사람을 구원하신 주요한 목적이 예배를 받으시기 위함입니다. 구원받은 사람은 무엇보다 예배를 우선적으로 드리게 됩니다. 그 사람이 참으로 구원받은 사람인가의 여부는 예배에 대한 자세에 달려 있습니다. 참으로 구원받은 사람은 예배를 무엇보다 소중히 여깁니다. 예배드리기를 무엇보다 기뻐하고 즐거워합니다. 예배를 통해 모든 삶에서 힘을 얻습니다. 예배를 통해 하나님께 날마다 가까이 나아갑니다.

우상에게 예배하는 사람들에게는 화가 있을 것입니다. 무당이나 박수의 자녀들이 장수하는 예는 없습니다. 이들이 어려서 죽거나 나이 들어 정신병자가 되는 것은 이미 잘 알려진 상식입니다. 무당, 박수뿐만 아니라 우상을 섬기는 집은 정도의 차이는 있겠지만 반드시 저주를 받습니다. 하나님보다 더 사랑하는 것은 무엇이든지 우상입니다. 돈을 사랑하는 사람은 돈을 하나님처럼 섬기는 사람입니다 이런 사람은 하나님 나라를 유업으로 받지 못합니다. 이 사람에게는 돈이 우상이기 때문입니다.[40] 하나님보다 자식을 사랑하는 사람은 자식 때문에,

---

**40** 마태복음 6:24 "한 사람이 두 주인을 섬기지 못할 것이니 혹 이를 미워하고 저를 사

지식을 사랑하는 사람은 지식 때문에, 하나님보다 예술을 사랑하는 사람은 예술 때문에 망할 것입니다. 하나님보다 세상에 있는 것들을 더 사랑하는 사람은 세상을 우상으로 섬기고 사는 사람입니다.

### 4. 예배의 역사

#### (1) 모세 이전의 예배

**창세기 8:20** 노아가 여호와께 제단을 쌓고 모든 정결한 짐승과 모든 정결한 새 중에서 제물을 취하여 번제로 제단에 드렸더니

인류가 하나님을 향해 드린 예배는 아담과 하와의 범죄로 큰 손상을 입었습니다. 온 세계에 흩어져 있는 우상숭배는 아담과 하와의 타락에서 시작된 것입니다. 이처럼 예배는 타락했지만 하나님께서는 하나님께 예배드리는 사람들을 보존하시고 그들을 통해 인류 구원의 역사를 진행하십니다. 먼저 아벨이 하나님 받으시기에 합당한 예배를 드립니다.[41]

---

랑하거나 혹 이를 중히 여기고 저를 경히 여김이라 너희가 하나님과 재물을 겸하여 섬기지 못하느니라."

**41** 창세기 4:4 "아벨은 자기도 양의 첫 새끼와 그 기름으로 드렸더니 여호와께서 아벨

아벨이 드린 예배는 에녹과 노아를 통해 아브라함에게 전해져 내려 옵니다. 그런데 이들이 드린 예배의 특징은 양을 잡은 희생제사였습니다. 어린양은 훗날 우리의 구속주 예수 그리스도를 상징합니다. 그러니 예배의 초기부터 벌써 예수 그리스도께서 우리 인간의 죄를 대신해서 죽으실 것을 예언하고 있음을 볼 수 있습니다.

### (2) 모세 이후의 예배

**레위기 17:11** 육체의 생명은 피에 있음이라 내가 이 피를 너희에게 주어 제단에 뿌려 너희의 생명을 위하여 속죄하게 하였나니 생명이 피에 있으므로 피가 죄를 속하느니라

모세 이후의 예배에서는 크게 세 가지 특징을 찾아볼 수 있습니다. 먼저 모세 이후의 예배에는 희생제사적 특징이 더욱 중요시됩니다. 모세 이전의 예배도 희생제사적 특징이 있었지만 모세 이후 예배에서는 짐승을 통해 드려지는 희생제사가 더욱 정교하게 발달하고 강조됩니다. 피 제사는 구약 교회가 드린 예배의 독특한 특징입니다. 짐승의 피는 예수 그리스도의 피흘리심을 상징한다는 점에서 모세 이전과 동일한 의미를 지닙니다. 그리고 모세 이전에 없던 제사 제도, 즉 예배

---

과 그 제물은 받으셨으나"

제도가 아주 정교하게 하나님의 법으로 정해집니다. 제사법 중심에는 성전(성막)이 자리잡게 됩니다. 모세 이전에는 예배 장소와 예배 규칙이 정해져 있지 않았지만 모세 이후에는 예배 장소와 예배 법이 정해집니다.

따라서 구약 교회의 성도들은 오직 성전에서, 그것도 하나님께서 세우신 제사장 앞에서만 제사를 드릴 수 있었습니다. 성전을 떠나거나, 제사장 없이 드리는 예배는 불법이었습니다. 사울왕 같은 이는 사무엘이 드려야 할 제사를 대신 드렸다가 왕좌에서 밀려나고 가문이 멸망당하는 화를 자초했습니다.[42] 이처럼 성전에서, 제사장 앞에서 법을 따라 예배드린 것은 성전이 예수 그리스도를 상징했고, 제사장도 대제사장되시는 예수 그리스도를 상징했기 때문에 예배는 오직 예수 그리스도에 근거해 드린다는 것을 예언한 것입니다. 마지막으로 예배드리는 안식일이 철저히 강조됩니다. 이것도 모세 이전에는 없던 것인데 예수님께서 안식일의 주인으로 오실 것에 대한 상징입니다.

### (3) 포로기 이후의 예배

에스라 7:10  에스라가 여호와의 율법을 연구하여 준행하며 율례와 규례

---

[42] 사무엘상 13:14 "지금은 왕의 나라가 길지 못할 것이라 여호와께서 왕에게 명령하신 바를 왕이 지키지 아니하였으므로 여호와께서 그의 마음에 맞는 사람을 구하여 여호와께서 그를 그의 백성의 지도자로 삼으셨느니라 하고"

를 이스라엘에게 가르치기로 결심하였었더라

구약 시대의 성전 중심 희생제사는 유다가 바벨론에게 정복되어 유대인들이 대부분 포로로 잡혀감으로써 종말을 고하게 됩니다. 바벨론으로 끌려간 경건한 유대인들은 성전예배와 희생제사를 드릴 수 없게 되자 하나님 말씀을 중심으로 한 예배를 드리게 됩니다. 그리고 예배 장소도 포로로 끌려갔던 곳곳에 세워지게 됩니다. 예배드리는 장소를 '회당'(시나고게)이라고 불렀습니다.

끌려간 지 70년이 지나 포로에서 돌아온 후, 스룹바벨 성전이 세워지고 희생제사가 다시 드려졌지만 '회당' 예배는 이스라엘의 주요 예배 형태로 정착되어 갔습니다. 희생제사를 드렸던 제사장들도 희생제사보다는 성경을 해석하여 가르치는 일에 전념했는데 대제사장 아론의 16대손 에스라 제사장은 포로에서 귀환한 이스라엘 백성에게 율법을 가르치는 일을 합니다.[43] 포로기 이후의 회당 예배는 주님께서 오셨을 때도 드려진 예배였고, 기독교 예배의 모체가 되었습니다.

---

**43** 에스라 7:10 "에스라가 여호와의 율법을 연구하여 준행하며 율례와 규례를 이스라엘에게 가르치기로 결심하였었더라"

## (4) 신약 교회의 예배

**요한복음 4:23-24**  아버지께 참되게 예배하는 자들은 영과 진리로 예배할 때가 오나니 곧 이 때라 아버지께서는 자기에게 이렇게 예배하는 자들을 찾으시느니라 하나님은 영이시니 예배하는 자가 영과 진리로 예배할지니라

예수님의 말씀에 따르면, 사람들이 신령과 진정으로 예배할 때가 오는데 바로 지금이(예수님께서 오셨을 때) 그때라고 하셨습니다. 창세 이래로 많은 예배가 드러져 왔지만 참되고 완전한 예배(신령과 진정으로 드리는 예배)는 예수 그리스도의 오심으로 가능하게 되었다는 것이 주님의 말씀입니다.

구약 교회가 드렸던 희생제물이 예수 그리스도를 상징했다는 사실은 예수 그리스도가 오심으로써 비로소 드러났습니다. 완전한 성전이신 예수 그리스도가 오심으로써 비로소 성전이 완성되었습니다. 예수님께서 친히 자신을 제물로 드려 영원하고도 완전한 속죄의 희생제물이 되심으로써 대제사장이 되셨습니다. 예배를 드리는 진리가 비로소 예수 그리스도의 오심으로써 알려져 진리로 드리는 예배가 가능해진 것입니다. 그리고 예배드리는 모든 사람이 성령을 받아 예배를 드리게 된 것도 예수 그리스도의 오심으로 완성된 것입니다. 구약 성도들은 예배를 드리면서도 예배의 의미, 즉 왜 짐승을 잡아야만 하는가,

왜 성전에서만 예배를 드려야 하는가를 막연하게는 짐작했겠지만 완전히 알려진 것은 예수 그리스도가 오심으로 된 것입니다. 신령과 진정으로 예배를 드릴 수 있게 된 시대에 살고 있는 우리는 행복한 사람입니다.

---

### 함께 나누어요

1. 예배와 영생과의 관계를 말해 보세요.

2. 예배가 왜 중요한지를 써 보세요.

3. 어떻게 하면 예배를 잘 드릴 수 있을까요?

# 12과
# 예배 받으심을 믿습니다 (2)

## 예배의 중요성

### 1. 성도에게 가장 중요한 것 예배

**사도행전 2:46** 날마다 마음을 같이하여 성전에 모이기를 힘쓰고 집에서 떡을 떼며 기쁨과 순전한 마음으로 음식을 먹고

예배는 인간에게 가장 우선적인 일입니다. 하나님께서 이스라엘에게 주신 삶의 원리와 지침이 되는 많은 계명의 근본이 십계명입니다. 십계명의 첫 부분이 하나님에 대한 예배부터 가르치고 있습니다.**44**

---

**44** 출애굽기 20:2-6 "나는 너를 애굽 땅, 종 되었던 집에서 인도하여 낸 네 하나님 여호와니라 너는 나 외에는 다른 신들을 네게 두지 말라 너를 위하여 새긴 우상을 만들지 말고 또 위로 하늘에 있는 것이나 아래로 땅에 있는 것이나 땅 아래 물 속에 있는 것의 어떤 형상도 만들지 말며 그것들에게 절하지 말며 그것들을 섬기지 말라 나 네

마태복음 22장 37절에서는 "예수께서 이르시되 네 마음을 다하고 목숨을 다하고 뜻을 다하여 주 너의 하나님을 사랑하라 하셨으니."라는 가르침으로 십계명 전체의 정신을 요약하셨고, 하나님에 대한 사랑과 예배의 불가분리성을 지적하셨습니다.

### 2. 예배자를 찾으시는 하나님

**요한복음 4:23-24** 아버지께 참되게 예배하는 자들은 영과 진리로 예배할 때가 오나니 곧 이 때라 아버지께서는 자기에게 이렇게 예배하는 자들을 찾으시느니라 하나님은 영이시니 예배하는 자가 영과 진리로 예배할지니라

모든 인생이 하나님의 소생이기에 마땅히 하나님께 예배드려야 하지만 현실은 그렇지 않습니다. 자신의 정욕을 위해 우상에게 드리는 거짓된 예배가 너무나 많습니다. 이런 가운데 하나님께서는 신령과 진정으로 예배드리는 자들을 찾으십니다. 하나님께 지극한 정성으로 예배드리는 성도는 반드시 큰 복을 받습니다.

---

하나님 여호와는 질투하는 하나님인즉 나를 미워하는 자의 죄를 갚되 아버지로부터 아들에게로 삼사 대까지 이르게 하거니와 나를 사랑하고 내 계명을 지키는 자에게는 천 대까지 은혜를 베푸느니라"

## 3. 예배의 본능을 가진 인간

**로마서 1:19** 이는 하나님을 알 만한 것이 그들 속에 보임이라 하나님께서 이를 그들에게 보이셨느니라

하나님께서는 온세상의 모든 사람에게 종교의 씨앗를 심어 놓으셨기에 인간은 무엇인가를 섬길 수밖에 없습니다.[45] 엄밀히 말해 무신론자란 존재하지 않습니다. 그러나 타락한 인간에게서 종교의 씨를 자기 마음속에 소중히 간직하는 자는 백의 하나 찾아보기 힘들고 또 그것을 잘 키워 시절을 따라 열매를 맺는 데까지(시 1:3) 성숙케 하는 자는 하나도 없습니다.[46] 하나님을 경배하도록 심은 종교의 씨는 길을 잘못 들어 우상숭배와 귀신숭배로 나아갔습니다. 그래서 세상에는 하나님을 떠난 예배가 너무 많습니다. 마땅히 예배받아야 할 하나님께 예배드리는 대신 거짓 신들과 사단에게, 심지어는 하나님의 피조물인 하늘, 땅, 동물과 식물, 무생물들을 경배합니다. 속히 하나님께 예배드려야 합니다.

**45** 『기독교강요』1권 4장
**46** 로마서 3:10 "기록된바 의인은 없나니 하나도 없으며"

## 예배의 실재

### 1. 예배를 드리는 자세

**시편 100:1-4** 온 땅이여 여호와께 즐거운 찬송을 부를지어다 기쁨으로
여호와를 섬기며 노래하면서 그의 앞에 나아갈지어다 여호와가 우리 하
나님이신 줄 너희는 알지어다 그는 우리를 지으신 이요 우리는 그의 것
이니 그의 백성이요 그의 기르시는 양이로다 감사함으로 그의 문에 들
어가며 찬송함으로 그의 궁정에 들어가서 그에게 감사하며 그의 이름을
송축할지어다

예배를 드리러 교회에 간다는 것은 온 천지간 만왕의 왕이신 하나
님이 계신 하나님의 궁정에 나아가는 것입니다. 여호와의 궁정에 나
아가는 자는 지극한 정성이 필요합니다. 따라서 모든 예배는 반드시
정성을 다해 준비해야 합니다. 가장 중요한 준비는 성도들의 일상생
활이 하나님이 보시기에 부끄러움 없는 삶을 살아야 한다는 것입니
다.[47] 주일예배가 예배답기 위해서는 6일 동안의 삶을 하나님 앞에서
진실하게 살아야 합니다.

---

**47** 고린도전서 10:31 "그런즉 너희가 먹든지 마시든지 무엇을 하든지 다 하나님의 영광
을 위하여 하라"

성도들은 예배드리는 날이 되면 단정한 옷차림으로 예배 시간 20-30분 전에 교회에 와서 기도로 준비합니다. 예배 시간을 잊어버리기까지 다른 일에 분주하거나, 예배 시간에 늦어서 허겁지겁 온다거나, 지나치게 자극적인 옷차림으로 예배에 참여하는 것은 예배를 방해하는 것입니다. 주보를 보고 예배 순서를 미리 살펴보는 것도 중요합니다.[48]

## 2. 기도

**잠언 15:8** 악인의 제사는 여호와께서 미워하셔도 정직한 자의 기도는 그가 기뻐하시느니라

### (1) 묵상 기도

예배를 시작하면서 드리는 묵상 기도는 예배를 잘 드릴 수 있게 마음을 정돈하여 준비하는 것입니다. 성도들은 이 시간부터 일체의 잡

---

**48** 주보
　　새신자에게는 반드시 주보 보는 법을 알려 줘야 합니다. 주보에는 예배 순서, 교회 소식, 교회 안내 등이 교회마다 독특하게 들어가기 때문에 주보 보는 요령을 잘 알아야 합니다. 그리고 신자들은 예배 시간 전에 미리 주보의 예배 순서를 살펴보아, 예배 시간에는 주보로 부채를 삼거나 낙서장으로 이용하는 것은 삼가야 합니다.

넘을 버리고 모든 예배 행위에 전념해야 합니다. 예배 시간에는 하나님을 향해서만 마음을 열도록 합니다. 예배 인도자의 인도에 잘 따라야 합니다.

### (2) 대표 기도

대표 기도는 교회의 모든 성도를 대표해서 하나님께 드리는 기도이기 때문에 드리는 사람과 동참하는 사람 모두 조심해야 합니다. 예배를 드리는 사람은 기도 순서에 따라 중언부언하지 말아야 합니다.[49] 대표 기도는 모든 사람이 들을 수 있게 분명히 해야 하며, 3분을 넘기지 않도록 하는 것이 좋습니다. 그래서 내표 기도를 준비해서 해야 합니다. 글로 써서 준비하는 것도 좋은 방법입니다.

---

**49** 기도 순서
기도 순서가 정해진 것은 아니지만 일반적으로 다음 순서를 따르는 것이 바람직합니다. 공적인 기도나 개인적인 기도 순서는 동일합니다. 그렇다고 다음 순서를 반드시 지켜야 한다는 것은 아닙니다.

1) 하나님 아버지를 부름으로 시작합니다.
2) 그동안 베푸신 은혜에 감사합니다.
3) 죄를 회개하고 용서를 구합니다.
4) 필요를 간구합니다.
5) 교회, 가족, 이웃을 위해 기도합니다(개인 기도의 경우).
6) 예수 그리스도의 이름으로 기도를 마칩니다.

**(3) 합심 기도**

여러 사람이 한 장소에서 함께 드리는 기도를 합심 기도라고 합니다. 교회에서나 성도들이 합심하여 기도를 드리는 경우에는 주어진 기도 제목에 따라 기도합니다. 이때는 옆 사람을 의식하지 말고 힘써 기도합니다. 새신자들의 경우 기도하는 방법을 모를 때에는 합심 기도를 통해 기도하는 법을 배울 수도 있습니다. 합심 기도에는 주님의 역사가 많습니다. 주님께서 "두세 사람이 내 이름으로 모인 곳에는 나도 그들 중에 있느니라."(마 18:20)고 하셨으니 합심하여 기도하면 응답이 신속합니다.

## 3. 찬송

**시편 103:1-2** 내 영혼아 여호와를 송축하라 내 속에 있는 것들아 다 그의 거룩한 이름을 송축하라 내 영혼아 여호와를 송축하며 그의 모든 은택을 잊지 말지어다

찬송은 교회가 하나님을 존경하고 사랑하며 헌신하겠다는 곡조 있는 신앙 표현입니다. 그 의미를 생각하면서 나를 하나님께 드리는 마음으로 부르도록 합니다. 교회에 처음 나오신 분들의 경우 찬송을 잘 몰라 어려움이 있겠지만 찬송가는 곡조가 단순하기 때문에 반주에 맞

추어 불러도 쉽게 부를 수 있습니다. 찬송가를 찾는 방법은 장별로 찾
는 방법과 제목별로 찾는 방법이 있는데 제목은 찬송가 가사의 1절 첫
구절로 되어 있어서 찾기가 쉽습니다.


## 4. 헌금

**고린도전서 16:2** 매주 첫날에 너희 각 사람이 수입에 따라 모아 두어서
내가 갈 때에 연보를 하지 않게 하라


예배를 드리면서 하나님께 드리는 예물을 헌금이라고 합니다. 헌금
에는 여러 종류가 있습니다.[50] 헌금은 드리는 사람의 마음 자세가 중
요합니다. 우리는 하나님의 청지기이기 때문에,[51] 하나님께서 내게 맡
기신 것을 하나님께 드린다는 마음으로 하는 것입니다. 따라서 헌금
은 반드시 준비하였다가 드려야 합니다. 금액이 많고 적음을 떠나 봉
투에 담아 정성으로 드립니다. 예배 시간에 헌금을 찾는다고 분주해

---

**50** 헌금의 종류
    헌금에는 수입의 십분의 일을 드리는 십일조, 구제 헌금, 선교 헌금, 감사 헌금, 기타
    헌금 등이 있습니다.
**51** 베드로전서 4:10 "각각 은사를 받은 대로 하나님의 여러 가지 은혜를 맡은 선한 청
    지기 같이 서로 봉사하라"

하거나 지갑에서 돈을 꺼내는 행위는 삼가야 합니다. 지폐도 가능한 깨끗한 것으로 준비했다가 드리도록 합시다.


5. 설교

**시편 119:105** 주의 말씀은 내 발에 등이요 내 길에 빛이니이다


기도, 찬송, 헌금이 하나님을 향해 우리의 정성을 드리는 것이라면 설교는 하나님께 은혜를 받는 것입니다. 세상 사람은 밥을 먹고 살지만 믿음으로 사는 사람들은 하나님의 말씀으로 살아갑니다.[52] 성도는 설교 말씀에 최고로 주의를 집중해야 합니다. 성도는 설교 말씀에 은혜를 받아야만 사탄이 유혹하고 위협하는 세상을 이기며 살아갈 수 있습니다. 세상을 이기는 성도의 무기는 하나님 말씀입니다.[53] 말씀에서 은혜받는 성도가 복을 받습니다. 말씀을 들어도 은혜가 되지 않으면 신앙이 병든 것이니 속히 회개하고 말씀을 사모하는 심령을 회복해야 합니다.

---

[52] 마태복음 4:4 "예수께서 대답하여 이르시되 기록되었으되 사람이 떡으로만 살 것이 아니요 하나님의 입으로부터 나오는 모든 말씀으로 살 것이라 하였느니라 하시니"

[53] 에베소서 6:17 "구원의 투구와 성령의 검 곧 하나님의 말씀을 가지라"

## 예배의 결과

### 1. 하나님께서 영광을 받으십니다

**시편 50:23** 감사로 제사를 드리는 자가 나를 영화롭게 하나니 그의 행위
를 옳게 하는 자에게 내가 하나님의 구원을 보이리라

죄 많은 인생이 드리는 예배를 하나님께서 받으신다는 것처럼 황송
한 것이 없습니다. 우리가 하나님을 찬양하고 그분께 예배드릴 때 하
나님은 영광을 받으십니다. 레위기 10장 3절에서 하나님은 "모세가
아론에게 이르되 이는 여호와의 말씀이라 이르시기를 나는 나를 가까
이 하는 자 중에서 내 거룩함을 나타내겠고 온 백성 앞에서 내 영광을
나타내리라 하셨느니라."고 말씀하십니다. 하나님께서는 하나님 백성
을 통해 영광받기를 원하십니다. 하나님의 이러한 마음을 잘 헤아려
서 예배하기를 즐거워하는 성도들에게 복이 있을 것입니다.

### 2. 성도들이 거룩하게 됩니다

**시편 24:3-4** 여호와의 산에 오를 자가 누구며 그의 거룩한 곳에 설 자가
누구인가 곧 손이 깨끗하며 마음이 청결하며 뜻을 허탄한 데에 두지 아

니하며 거짓 맹세하지 아니하는 자로다

하나님께 예배를 드리는 시간은 거룩한 시간입니다. 예배 시간은 하나님께서 오셔서 예배를 받으시는 시간입니다. 따라서 우리가 하나님의 임재 속으로 들어가면 우리의 죄를 깨닫게 되며, 죄를 버리고자 하는 마음이 생깁니다. 우리가 하나님께 가까이 나아갈수록 거룩하게 되고자 하는 열망이 일어납니다. 하나님이 거룩하시니 그의 자녀들도 거룩해지는 것이 너무나 마땅한 것입니다.

## 3. 구원받는 사람을 더하게 하십니다

**사도행전 2:46-47** 날마다 마음을 같이하여 성전에 모이기를 힘쓰고 집에서 떡을 떼며 기쁨과 순전한 마음으로 음식을 먹고 하나님을 찬미하며 또 온 백성에게 칭송을 받으니 주께서 구원 받는 사람을 날마다 더하게 하시니라

초대 교회가 예배드렸을 때 하나님께 칭찬받았을 뿐만 아니라 사람들의 칭송을 받았습니다. 그리고는 구원받은 사람이 날마다 더해 갔습니다. 그들은 온 도시를 그들의 가르침인 예수 그리스도로 가득 채

워 버렸습니다.[54]

그리고 온 세상을 예수 그리스도의 도(道)로 완전히 뒤엎어 버렸습니다. 그들의 선한 행위는 사람들의 눈길을 끌었습니다. 그들이 예배를 드리며 받은 성령의 권능은 너무 매력적이어서 사람들이 교회에 나오지 않고는 못 견디게 했습니다. 예배를 감격적으로 뜨겁게 드리는 사람이 하나님을 기쁘시게 할 뿐만 아니라, 불신자들을 감동시켜 하나님께로 인도합니다. 참된 예배만이 사람을 변화시킵니다.

### 4. 예배를 잘 드리면

1) 하나님을 만납니다.
2) 성령으로 충만합니다.
3) 능력을 받습니다.
4) 몸과 마음의 상처를 치유받습니다.
5) 응답을 받습니다.

---

**54**  사도행전 5:28 "이르되 우리가 이 이름으로 사람을 가르치지 말라고 엄금하였으되 너희가 너희 가르침을 예루살렘에 가득하게 하니 이 사람의 피를 우리에게로 돌리고자 함이로다"

### 함께 나누어요

1. 예배 잘 드리기 위해 어떻게 준비해야 할까요?

2. 예배 잘 드리기 위해 어떻게 준비해야 할까요?

3. 예배를 잘 드리기 위해 할 일을 써 봅시다.

# 13과
# 기도 응답을 믿습니다 (1)

**요한복음 14:14** 내 이름으로 무엇이든지 내게 구하면 내가 행하리라

보이지 아니하시는 하나님께서 내 말을 듣고 계시며, 오늘도 나를 사랑하시고 계신다는 눈에 보이는 확실한 증거가 있다면 그것은 기도입니다. 만일 누가 우리를 보고 "당신은 기도의 응답을 얼마나 받았나요?"라고 질문한다면 자신 있게 말할 사례가 몇 가지나 될까요? 놀랍게도 많은 사람이 기도하지 않으며, 기도해도 응답을 많이 받지 못합니다.

## 1. 기도의 정의

**시편 141:2** 나의 기도가 주의 앞에 분향함과 같이 되며 나의 손 드는 것이 저녁 제사같이 되게 하소서

성경에서 말하는 기도는 세 가지로 정의할 수 있습니다. 첫째로 기도는 하나님께 드리는 제사, 즉 예배의 소중한 예물입니다. 우리가 기도하면 천사들이 우리의 기도를 받아 하나님께로 가져다줍니다.[55] 둘째로 기도는 하나님과 그의 자녀가 나누는 교제를 의미합니다. 일반적으로 성도들은 기도를 통해 하나님과 모든 종류의 깊은 교제를 나눌 수 있습니다.[56] 셋째로 기도란 하나님께서 자신의 뜻을 성취하시기 위해 정하신 여러 수단 가운데 하나입니다. 하나님께서는 성도들의 기도를 통해 하나님의 뜻을 세상에 펴 나가십니다.

---

[55] 요한계시록 5:8 "그 두루마리를 취하시매 네 생물과 이십사 장로들이 그 어린 양 앞에 엎드려 각각 거문고와 향이 가득한 금 대접을 가졌으니 이 향은 성도의 기도들이라"

[56] 요한복음 15:14 "너희는 내가 명하는 대로 행하면 곧 나의 친구라"

## 2. 기도의 중요성

에베소서 6:12,18 우리의 씨름은 혈과 육을 상대하는 것이 아니요 통치자
들과 권세들과 이 어둠의 세상 주관자들과 하늘에 있는 악의 영들을 상
대함이라 모든 기도와 간구를 하되 항상 성령 안에서 기도하고 이를 위
하여 깨어 구하기를 항상 힘쓰며 여러 성도를 위하여 구하라

마귀는 성도들이 알아차리지도 못할 정도로 은밀히 유혹하여 범죄
하게 함으로써 믿음에서 떠나게 하거나, 우는 사자처럼 대적합니다.
기도는 마귀를 대적하도록 하나님께서 주신 무기입니다. 또한 기도는
성도들이 필요한 것은 무엇이든지 하나님께로부터 얻도록 하나님께
서 허락하신 도구입니다(약 4:2). 기도는 우리 주님의 사역에서도 가장
중요한 것이었습니다(막 1:35). 기도는 지금도 하나님 우편에서 여전히
우리를 위해 간구하시는 주님의 사역(롬 8:34)이기에 성도의 삶에서도
기도는 중요합니다. 기도는 때에 따라 돕는 은혜를 입어 그로 말미암
아 긍휼히 여김을 받을 수 있는 길입니다(히 4:16). 감사한 마음으로 기
도하면 모든 염려에서 해방되며 모든 지각에 뛰어난 하나님의 평강을
얻을 수 있고(빌 4:6-7), 기도를 통해 성령충만을 얻습니다(눅 11:13). 이처
럼 기도하면 영적으로 성장하여 믿음이 자라나고 성령의 은사를 받습
니다(마 7:7-8).

### 3. 기도를 들으시는 하나님

**사무엘하 22:7** 내가 환난 중에서 여호와께 아뢰며 나의 하나님께 아뢰었더니 그가 그의 성전에서 내 소리를 들으심이여 나의 부르짖음이 그의 귀에 들렸도다

우리가 기도하면 하나님께서는 우리 기도에 귀를 기울여 들으십니다. 귀를 기울인다는 표현은 의식적으로 들으려고 노력한다는 뜻이요, 각별한 주의를 기울인다는 뜻입니다. 전능하신 하나님께서 우리가 기도할 때마다 기도를 들으시고, 그것도 귀를 기울여 들으신다는 사실이 얼마나 감격스러운지요.

### 4. 기도의 중보자 예수

**로마서 8:34** 누가 정죄하리요 죽으실 뿐 아니라 다시 살아나신 이는 그리스도 예수시니 그는 하나님 우편에 계신 자요 우리를 위하여 간구하시는 자시니라

거룩하신 하나님께서 죄와 허물로 얼룩진 우리의 기도를 들으시고 응답하시는 이유를 아시나요? 그것은 우리를 위해 십자가를 지신 예

수 그리스도의 간구하심 때문입니다. 우리의 죄를 위해 대신 죽으셨다가 다시 사신 주님께서는 지금도 우리가 기도할 때 우리의 기도를 하나님께서 들어주시기를 아뢰는 것입니다. 주님께서는 육체로 계시면서 우리의 연약함을 친히 체험하셨기 때문에 우리의 기도를 들으시고 도우실 수 있습니다.[57]

## 기도의 실제

### 1. 언제 기도할까요?

시편 116:2  그의 귀를 내게 기울이셨으므로 내가 평생에 기도하리로다

### (1) 항상 기도할 것

사무엘상 12:23  나는 너희를 위하여 기도하기를 쉬는 죄를 여호와 앞에 결단코 범하지 아니하고 선하고 의로운 길을 너희에게 가르칠 것인즉

---

**57**  히브리서 5:7 "그는 육체에 계실 때에 자기를 죽음에서 능히 구원하실 이에게 심한 통곡과 눈물로 간구와 소원을 올렸고 그의 경건하심으로 말미암아 들으심을 얻었느니라"

성경은 기도의 중요성을 강조하면서 항상 기도할 것을 명하십니다.[58] 항상 기도한다는 의미는 의식적으로 늘 기도에 힘쓴다는 것이며, 기도하는 자세로 세상을 산다는 것입니다.

### (2) 시간을 정해 놓고 기도

**다니엘 6:10** 다니엘이 이 조서에 왕의 도장이 찍힌 것을 알고도 자기 집에 돌아가서는 윗방에 올라가 예루살렘으로 향한 창문을 열고 전에 하던 대로 하루 세 번씩 무릎을 꿇고 기도하며 그의 하나님께 감사하였더라

항상 기도한다는 것은 정해진 기도 시간이 있다는 것을 말합니다. 다니엘은 하루 세 번씩 정기적으로 기도했는데, 심지어 기도하면 죽이겠다는 왕의 명령에도 죽기를 각오하고 기도했습니다. 그 결과 다니엘 자신은 물론 왕국까지 복을 받았습니다.

**시편 5:3** 여호와여 아침에 주께서 나의 소리를 들으시리니 아침에 내가 주께 기도하고 바라리이다

---

**58** 누가복음 18:1 "예수께서 그들에게 항상 기도하고 낙심하지 말아야 할 것을 비유로 말씀하여"

시간을 정한 기도 중 새벽에 교회당에서 기도하는 것은 매우 중요합니다. 우리 주님께서는 새벽에 한적한 곳에서 습관적으로 기도하셨습니다.[59] 물론 주님께서 새벽기도만 하셨다는 것은 아니지만 습관적으로 새벽에 기도하셨다는 것은 우리가 반드시 본받아야 할 기도의 모범입니다. 새벽을 깨우는 기도가 성도와 교회를 새롭게 합니다.

### (3) 마음의 소원이 있을 때

**사무엘상 1:10** 한나가 마음이 괴로워서 여호와께 기도하고 통곡하며

한나라고 하는 여인은 아들이 없어서 항상 괴로워했습니다. 뭇사람, 특히 둘째 부인 브닌나의 놀림거리가 되기까지 했습니다. 이에 한나는 자신의 괴로운 마음을 하나님께 기도합니다. 한나가 기도했을 때 하나님께서는 한나의 기도를 응답하심으로 사무엘이라는 하나님의 사람을 낳게 해 주셨습니다.

마음의 소원이 있다는 것은 기도하라는 신호입니다. 하나님은 성도의 마음에 소원을 주시고 기도하게 하셔서 기도를 응답해 주십니다. 따라서 마음에 괴로움과 소원이 있다면 신속하게 기도해야 합니다.

---

**59** 마가복음 1:35 "새벽 아직도 밝기 전에 예수께서 일어나 나가 한적한 곳으로 가사 거기서 기도하시더니"

**(4) 환란 날에 기도**

**시편 86:7** 나의 환난 날에 내가 주께 부르짖으리니 주께서 내게 응답하시리이다

성도에게는 반드시 환란이 있습니다. 환란이 임하면 사람들은 대부분 사람을 의지하거나 재물을 의지합니다. 아무것도 의지할 것이 없다고 생각되면 완전히 절망에 빠지기도 합니다. 성도의 경우는 환란이 임할수록 하나님을 찾아야 합니다. 환란은 하나님께서 성도를 단련시켜 세상을 의지하지 말고 더욱 하나님만 의지하라고 주신 선물이기 때문입니다.

## 2. 어디서 기도할까요?

**마태복음 21:13** 그들에게 이르시되 기록된 바 내 집은 기도하는 집이라 일컬음을 받으리라 하였거늘 너희는 강도의 소굴을 만드는도다 하시니라

성경에는 기도의 장소가 다양하게 나타납니다. 주님께서는 산이나

들의 한적한 곳에서 기도하시기를 좋아하셨는가 하면[60] 골방기도, 즉 하나님께 은밀히 드리는 기도를 매우 강조하시기도 합니다.[61] 이로 보아 기도의 장소는 성도들이 스스로 정해야 하는 것이며 성도들에게는 기도하기 적절한 자신만의 장소가 필요하다는 것을 알 수 있습니다. 교회, 자신의 방, 카페, 도서관, 강의실, 직장, 버스 등 어느 곳이든 상관없습니다. 자신의 마음이 닿는 그곳에서 기도할 때 하나님은 함께 하시며 우리의 기도를 들으십니다.

### 3. 무엇을 기도할까요?

#### (1) 하나님의 나라와 그 의를 위해

마태복음 6:33  그런즉 너희는 먼저 그의 나라와 그의 의를 구하라 그리하면 이 모든 것을 너희에게 더하시리라

기도에도 우선순위가 있습니다. 먼저 우리는 하나님 나라가 하늘에

---

**60**  마태복음 14:23 "무리를 보내신 후에 기도하러 따로 산에 올라가시니라 저물매 거기 혼자 계시더니"

**61**  마태복음 6:6 "너는 기도할 때에 네 골방에 들어가 문을 닫고 은밀한 중에 계신 네 아버지께 기도하라 은밀한 중에 보시는 네 아버지께서 갚으시리라"

서 이루어진 것 같이 땅에서도 이루어지기 위해 기도해야 합니다. 이 땅 위의 하나님 나라는 교회입니다. 그러므로 성도는 교회의 부흥과 평강을 위해 기도해야 합니다. 특별히 교회의 목회자와 어려움을 당하는 성도들을 위해 기도해야 합니다.

**(2) 무엇이든 기도해야 합니다**

**마태복음 21:22** 너희가 기도할 때에 무엇이든지 믿고 구하는 것은 다 받으리라 하시니라

성도는 하나님 앞에 무엇이든지 기도할 수 있습니다. 나를 위해, 가정을 위해, 친구들을 위해, 나라를 위해, 교회를 위해, 무엇이든지 하나님께 기도해야 합니다. 이처럼 하나님께 자세히 기도하는 것이 하나님께서 원하시는 것입니다. 자녀들이 부모에게 필요한 것을 서슴없이 부탁하는 심정으로, 아니 그보다 더욱 세심하게 하나님께 기도해야 합니다. 하나님은 우리의 아버지이십니다.

**(3) 전도를 위한 기도**

**골로새서 4:3** 또한 우리를 위하여 기도하되 하나님이 전도할 문을 우리에게 열어 주사 그리스도의 비밀을 말하게 하시기를 구하라 내가 이 일

때문에 매임을 당하였노라

성도들은 반드시 복음 전도를 위해 기도해야 합니다. 하나님께서 교회에 전도의 문을 열어 주시기를 기도해야 합니다. 전도할 대상을 정해 놓고 예수 믿을 때까지 10년이든 20년이든, 아니 평생토록 기도해야 합니다. 교회는 전도를 위한 구체적인 기도를 얼마나 드리느냐에 따라 성장합니다. 이렇게 하는 것이 하나님 나라와 그 의를 구하는 것입니다. 특별히 복음 전도의 최전방에서 목숨을 걸고 복음을 위해 수고하는 선교사, 목사, 지도자들을 위해 많이 기도해야 합니다.

### 4. 누구에게 기도할까요?

마태복음 6:9 그러므로 너희는 이렇게 기도하라 하늘에 계신 우리 아버지여 이름이 거룩히 여김을 받으시오며

모든 기도는 하나님께 드리는 것입니다. 성경은 주로 성부 하나님께 기도를 드리는 것으로 나타나고 있습니다. 그러나 삼위일체 하나님께서는 모두 기도를 받으시기 때문에 어느 분에게 기도한다고 해도 문제될 것은 없습니다. 누구에게 기도해야 할지, 무엇을 기도해야 할지 고민하지 마십시오. 지금 당장 기도하시기 바랍니다.

### 함께 나누어요

1. 언제 기도해야 할까요?

2. 무엇을 기도해야 할까요?

3. 기도할 내용을 적고 함께 기도하는 시간을 가져 봅시다.

# 14과
# 기도 응답을 믿습니다 (2)

**마태복음 21:22** 너희가 기도할 때에 무엇이든지 믿고 구하는 것은 다 받으리라 하시니라

## 기도의 응답

### 1. 기도 응답에 대한 주님의 약속

**마태복음 7:7-11** 구하라 그리하면 너희에게 주실 것이요 찾으라 그리하면 찾아낼 것이요 문을 두드리라 그리하면 너희에게 열릴 것이니 구하는 이마다 받을 것이요 찾는 이는 찾아낼 것이요 두드리는 이에게는 열릴 것이니라 너희 중에 누가 아들이 떡을 달라 하는데 돌을 주며 생선을 달라 하는데 뱀을 줄 사람이 있겠느냐 너희가 악한 자라도 좋은 것으로 자식에게 줄 줄 알거든 하물며 하늘에 계신 너희 아버지께서 구하는 자

에게 좋은 것으로 주시지 않겠느냐

마태복음 7장 7-8절의 말씀은 기도를 명하신 주님께서 기도 응답
에 대한 감동적인 약속을 하시는 장면입니다. "구하라 그러면 주겠
다."라는 말씀은 기도하면 응답하겠다는 말씀이요, "찾으라 그러면 찾
을 것이다."라는 말씀도 기도하면 응답하시겠다는 말씀을 강조하시는
말씀이요, "문을 두드리라 그러면 열릴 것이다."라는 말씀 또한 기도
하면 응답받을 것이라는 말씀의 반복입니다. 주님께서는 우리가 기도
하지 않을까 염려되어서, 또 기도 응답을 믿지 못할까 봐 염려스러워
서 기도하면 응답받을 것임을 세 번씩이나 강조하고 있습니다. 이래
도 기도를 아니 하시겠습니까?

그것도 모자라서 9-11절에서는 하나님을 세상 아버지와 비교하시
면서 기도 응답을 약속하십니다. 세상 사람들은 어쩔 수 없이 약속을
어기기도 하고, 거짓말도 하며, 능력이 부족해서 들어줄 수 없는 경우
가 있지만 세상의 아비들도 대체로 자녀의 부탁은 들어준다는 것입니
다. 그런데 하나님은 세상 아비와 비교할 수 없이 인자하시고 능력이
많으셔서 우리의 기도에 응답 못할 일이 없으시다는 것입니다. 우리
가 기도하면 반드시 들어주겠으니 안심하고 기도하라는 것입니다. 주
님께서 자신의 명예를 걸고 기도 응답을 해 주시겠다는 약속입니다.
기도하면 응답하시겠다는 간절한 주님의 약속이 감사하지 않습니까?
이런데도 기도를 안 하실 겁니까? 만일 이 정도의 다짐을 받고도 하나

님을 의심한다거나 기도를 안 한다면 우리에게 근본적으로 문제가 있습니다. 기도의 응답을 믿읍시다. 그리고 기도합시다.


## 2. 기도 응답의 조건

**마태복음 7:7-11** 구하라 그리하면 너희에게 주실 것이요 찾으라 그리하면 찾아낼 것이요 문을 두드리라 그리하면 너희에게 열릴 것이니 구하는 이마다 받을 것이요 찾는 이는 찾아낼 것이요 두드리는 이에게는 열릴 것이니라 너희 중에 누가 아들이 떡을 달라 하는데 돌을 주며 생선을 달라 하는데 뱀을 줄 사람이 있겠느냐 너희가 악한 자라도 좋은 것으로 자식에게 줄 줄 알거든 하물며 하늘에 계신 너희 아버지께서 구하는 자에게 좋은 것으로 주시지 않겠느냐

기도하면 반드시 응답하시겠다고 주님이 약속하셨지만 기도해도 응답받지 못하는 경우가 있습니다. 무엇이 우리의 기도를 방해하고 기도 응답을 방해하는지 잘 알아보고 대처해야 합니다.

### (1) 믿음으로 기도할 것
믿음으로 기도해야 합니다. 믿음으로 기도한다는 것은 응답이 더

디다고 낙심하지 말고 응답될 때까지 꾸준히 기도하라는 것입니다.[62]
하나님께서는 성도의 기도에 반드시 응답하겠다고 약속하셨습니다.[63]

하나님의 약속을 굳게 믿고 기도하시기 바랍니다. 응답이 늦을수록
큰 응답을 받습니다. 당장 눈에 보이는 결과를 바라기보다는 믿음으
로 기도하는 가운데 변화하는 자신을 느끼기 바랍니다.

### (2) 죄에서 떠날 것

**이사야 1:18** 여호와께서 말씀하시되 오라 우리가 서로 변론하자 너희의
죄가 주홍 같을지라도 눈과 같이 희어질 것이요 진홍 같이 붉을지라도
양털 같이 희게 되리라

성도라고 하면서, 믿는다고 하면서 상습적으로 죄악에서 떠나지 않
는다는 것은 하나님의 자녀된 신분을 망각하는 것입니다. 이런 사람
은 입으로는 기도하지만 마음은 하나님께로부터 떠나 있는 것이며,
하나님을 경외하지 않는 것입니다. 하나님의 계명을 지키지도 않습니
다. 이런 사람들이 드리는 기도는 응답되지 않습니다. 이럴 경우 하나

---

**62** 누가복음 18:7 "하물며 하나님께서 그 밤낮 부르짖는 택하신 자들의 원한을 풀어 주
지 아니하시겠느냐 그들에게 오래 참으시겠느냐"
**63** 마태복음 21:22 "너희가 기도할 때에 무엇이든지 믿고 구하는 것은 다 받으리라 하
시니라"

님께서는 다시 회개하고 돌아오면 응답하시겠다고 약속하십니다.

### (3) 다른 사람을 용서할 것

**마태복음 6:14-15** 너희가 사람의 잘못을 용서하면 너희 하늘 아버지께서
도 너희 잘못을 용서하시려니와 너희가 사람의 잘못을 용서하지 아니하
면 너희 아버지께서도 너희 잘못을 용서하지 아니하시리라

다른 사람의 과실을 용서하지 않을 경우 기도하는 것이 어렵고 설
사 기도한다고 해도 응답되지 않습니다. 원수 갚는 것은 사람에게 있
지 않고 하나님께 있으며, 우리는 원수라도 사랑해야 합니다. 하나님
께서는 원수되었던 우리를 원수로 갚지 아니하시고, 그 아들을 주시
기까지 사랑하셨습니다. 기도하다가 형제와 다툰 일이 생각나거든 먼
저 화해하고 용서한 후에 기도하십시오.

### (4) 원만한 부부 관계

**베드로전서 3:7** 남편들아 이와 같이 지식을 따라 너희 아내와 동거하고
그를 더 연약한 그릇이요 또 생명의 은혜를 함께 이어받을 자로 알아 귀
히 여기라 이는 너희 기도가 막히지 아니하게 하려 함이라

부부 관계가 원만하지 못한 경우에도 기도가 막히고 응답이 없습니다. 부부는 한 몸인 까닭에 한 몸 중 어느 한쪽과 의사소통이 되지 않으면 하나님께 드리는 기도는 의미가 없습니다. 또 부부가 다투었을 경우 기도가 되지 않는 것은 결혼한 성도가 모두 겪는 경험입니다. 기도하기 전에 부부가 먼저 한마음이 되세요.

### (5) 약속을 의지하여 기도할 것

**출애굽기 33:12-14** 모세가 여호와께 아뢰되 보시옵소서 주께서 내게 이 백성을 인도하여 올라가라 하시면서 나와 함께 보낼 자를 내게 지시하지 아니하시나이다 주께서 전에 말씀하시기를 나는 이름으로도 너를 알고 너도 내 앞에 은총을 입었다 하셨사온즉 내가 참으로 주의 목전에 은총을 입었사오면 원하건대 주의 길을 내게 보이사 내게 주를 알리시고 나로 주의 목전에 은총을 입게 하시며 이 족속을 주의 백성으로 여기소서 여호와께서 이르시되 내가 친히 가리라 내가 너를 쉬게 하리라

기도 응답을 쉽게 받는 방법을 찾아봅시다. 이에 대해 모세가 우리에게 모범으로 가르쳐 준 것이 있습니다. 모세는 기도를 한 즉시 응답을 받았습니다. 모세가 기도 응답을 신속히 받은 것은 하나님의 약속을 의지하여 기도했기 때문입니다. 이를 예수님께서는 하나님 나라와 그 의를 구하는 것으로 말씀하십니다. 하나님을 위해 기도하면 하나

167

14과 기도 응답을 믿습니다 (2)

님께서는 이를 기뻐하셔서 구하지 아니한 의식주까지 채워 주시겠다고 약속하십니다.[64]

하나님 응답의 약속을 의지하고 기도하십시오.

### (6) 응답받을 때까지 기도할 것

**누가복음 18:1** 예수께서 그들에게 항상 기도하고 낙심하지 말아야 할 것을 비유로 말씀하여

기도하다 응답이 없으면 지치기 쉽고, 기도를 그만두기 쉽습니다. 주님께서는 이를 염려하셔서 기도하다가 응답이 늦어진다고 낙심하지 말라고 하셨습니다. 기도는 응답될 때까지 하는 것입니다. 기도 응답이 즉시 되는 경우도 있지만 평생 응답받지 못하고 죽은 후에야 응답받는 것도 많습니다. 1년 후에 받는 응답보다는 10년 후에 받는 응답에 60배, 100배의 축복이 있습니다. 응답받을 때까지 기도하십시오. 이것이 성도의 믿음입니다.

---

**64** 마태복음 6:33 "예수께서 그들에게 항상 기도하고 낙심하지 말아야 할 것을 비유로 말씀하여"

## 4. 기도 응답의 종류를 알아봅시다

### (1) 기도한 대로 응답하시는 경우가 있습니다

**누가복음 18:40-43** 예수께서 머물러 서서 명하여 데려오라 하셨더니 그
가 가까이 오매 물어 이르시되 네게 무엇을 하여 주기를 원하느냐 이르
되 주여 보기를 원하나이다 예수께서 그에게 이르시되 보라 네 믿음이
너를 구원하였느니라 하시매 곧 보게 되어 하나님께 영광을 돌리며 예
수를 따르니 백성이 다 이를 보고 하나님을 찬양하니라

기도하자 즉각 응답되는 경우는 하나님께서 시급히 응답해야 할 경
우입니다. 또 응답한즉 하나님의 영광이 크게 나타나는 경우입니다.
성경에는 기도 응답을 즉각적으로 받은 경우가 많습니다. 누가복음
18장 40-43절의 경우가 그렇습니다. 급할수록 사람을 의지하지 말고
하나님께 기도하십시오. 하나님이 보시기에 시급한 것이라면 급히 부
르짖어 기도하십시오.

### (2) 기도한 내용과 전혀 다른 것을 주시는 경우도 있습니다

**빌립보서 4:6-7** 아무 것도 염려하지 말고 다만 모든 일에 기도와 간구
로, 너희 구할 것을 감사함으로 하나님께 아뢰라 그리하면 모든 지각에

뛰어난 하나님의 평강이 그리스도 예수 안에서 너희 마음과 생각을 지키시리라

사람이 어리석어 잘못 구해도 하나님은 지혜로우셔서 우리에게 참으로 필요한 것이 무엇인지를 아시는 분입니다. 하나님께 건강을 달라고 기도한 바울의 경우를 생각해 봅시다. 하나님은 질병을 치료해 달라는 바울의 세 번에 걸친 간절한 기도에도 병을 고쳐 주시지 않고 병약한 모습을 그대로 두시며 하나님만 의지하도록 응답하셨습니다(고후 12:9). 이것도 기도에 대한 하나님의 응답입니다.

**(3) 응답을 안 하시는 경우도 있습니다**

응답이 없는 것도 기도 응답입니다. 하나님은 전능하신 분이기에 응답함으로써 성도에게 해가 되는 것은 응답하지 않으십니다. 앞에서 공부한 기도 응답을 방해하는 것이 여기에 해당하기도 합니다. 정결한 마음으로 기도해도 응답이 안 되는 경우는 기도하는 사람의 유익을 위해 구하기 때문입니다. 우리가 보기에 필요한 것으로 여겨지는 것도 실제적으로는 해가 되는 경우가 얼마든지 있습니다. 응답을 안 하는 것과 응답이 늦어지는 것은 다르니 이 점을 주의해야 합니다.

## 기도의 종류

### 1. 묵상기도

묵상기도란 기도 내용을 소리 내지 않고 마음으로 드리는 기도를 말합니다. 초신자들의 입장에서는 어려울 수 있습니다. 잡념이 많이 생기고 지루하게 느껴질 수 있습니다. 그러나 묵상기도도 많이 하는 것이 좋습니다. 항상 소리 내어 기도할 수는 없으니까요. 묵상기도는 주로 혼자서 기도할 때 많이 사용하는 기도법입니다.

### 2. 통성기도 / 합심기도

**시편 142:1** 내가 소리 내어 여호와께 부르짖으며 소리 내어 여호와께 간구하는도다

통성기도는 소리 내서 기도하는 것을 말합니다. 새신자가 처음 기도를 배울 때 또는 주로 여러 사람이 합심하여 기도할 때 많이 합니다. 함께 어울려서 기도하기 때문에 새신자도 배우기가 좋습니다.

## 3. 금식기도

**에스더 4:16** 당신은 가서 수산에 있는 유다인을 다 모으고 나를 위하여 금식하되 밤낮 삼 일을 먹지도 말고 마시지도 마소서 나도 나의 시녀와 더불어 이렇게 금식한 후에 규례를 어기고 왕에게 나아가리니 죽으면 죽으리이다 하니라

음식을 먹지 않고 기도에 전념하는 것을 말합니다. 특별히 하나님께 간구할 일이 있다거나 국가, 교회, 가정적으로 시급한 문제가 있을 경우 전심으로 하나님께 기도하는 것입니다. 금식기도는 성도들을 영적으로 깨어 있게 하며, 하나님의 역사하심이 큽니다.

## 4. 중보기도

**골로새서 4:3** 또한 우리를 위하여 기도하되 하나님이 전도할 문을 우리에게 열어 주사 그리스도의 비밀을 말하게 하시기를 구하라 내가 이 일 때문에 매임을 당하였노라

바울은 자신을 위해 기도하되, 전도의 문을 열어 달라고 부탁합니다. 다른 사람을 위해 기도하는 것을 중보기도라고 합니다. 불신자를

전도하기 위한 기도, 목회자를 위한 기도, 교회 부흥을 위한 중보기도
는 매우 중요합니다. '나는 기도를 못하니까', '나는 처음 교회 왔으니
까' 하는 등으로 중보기도를 못할 이유는 없습니다. 한 사람을 위해서
진심으로 하나님께 기도하는 것이 중요합니다.

### 함께 나누어요

1. 기도 응답을 받았던 것을 함께 나누어 봅시다.

2. 기도 시간과 장소를 정해 봅시다.

3. 지금 인도자의 인도에 따라 중보기도를 드려 봅시다.

# 15과
# 거룩한 교회를 믿습니다 (1)

## 교회론

**마태복음 16:18-19** 또 내가 네게 이르노니 너는 베드로라 내가 이 반석 위에 내 교회를 세우리니 음부의 권세가 이기지 못하리라 내가 천국 열쇠를 네게 주리니 네가 땅에서 무엇이든지 매면 하늘에서도 매일 것이요 네가 땅에서 무엇이든지 풀면 하늘에서도 풀리리라 하시고

사람 사는 세상에는 여러 종류의 모임이 있습니다. 그리고 모든 모임마다 목적이 있고 내용이 있습니다. 교회도 모임의 한 종류인 것은 분명한데 일반적인 모임과는 그 성격이 다릅니다. 그렇다면 교회는 무엇이며, 우리 주변에 있는 모임과는 어떤 차이가 있을까요? 교회와 일반적인 모임과의 차이를 알지 못하기 때문에 교회에 다니지 않는 분들은 물론, 교회를 다니는 분들도 교회에 대한 오해가 많은 듯합니다. 성도의 바른 신앙생활은 교회에 대한 바른 이해에서 출발하기 때문에 교회에 대해 아는 것은 매우 중요합니다.

## 1. 교회의 정의

### (1) 어원적 정의

교회를 말할 때 보통 라틴 계통에서는 에클레시아(Ecclesia)라고 하는데, 이는 그리스어 에클레시아(εκκλησια)에서 온 말로 '세상에서 불러내셨다'라는 의미가 있습니다. 구약에서는 카할(קהל)이라는 말로 사용되었는데 '세상에서 분리되었다'라는 의미가 있습니다. 우리가 쓰는 처치(Church)라는 단어는 독일어 키르케(Kirche)에서 온 말로 '주님께 속한 것, 주님의 소유'라는 의미가 있습니다.

### (2) 성경적 정의

성경에서는 하나님이 불러낸 사람들의 모임을 교회라고 합니다. 하나님께서 우리를 불러 교회를 이루실 때는 예수 그리스도의 이름으로 부르십니다. 하나님에게서 부름받은 사람들은 예수 그리스도의 피로 씻음을 받아 새사람이 됩니다. 이렇게 예수 그리스도의 피로 씻어 죄사함을 받은 사람은 주님의 몸인 교회에 연합되는 것입니다. 이 연합은 보통 연합이 아니고, 예수 그리스도의 생명으로의 연합이며, 한 번 연합되면 절대로 끊기지 않는 영원한 연합입니다. 이 같은 그리스도와의 연합을 '교회'라고 합니다.

## 2. 교회의 본질

### (1) 부름받은 하나님의 백성

**고린도전서 1:2**  고린도에 있는 하나님의 교회 곧 그리스도 예수 안에서 거룩하여지고 성도라 부르심을 받은 자들과 또 각처에서 우리의 주 곧 그들과 우리의 주 되신 예수 그리스도의 이름을 부르는 모든 자들에게

교회로 번역되는 헬라어 에클레시아(εκκλησια)는 본래 '공적 업무 수행을 위해 불러냄 받은 시민 단체'를 뜻했습니다. 신약성경에서 이 단어는 하나님 백성으로서 함께 나오는 지역적 신자들 집단뿐만 아니라 도처에 흩어져 있는 신자의 모든 모임을 지칭합니다. 예수 그리스도께서는 택함을 입은 하나님 백성을 불러 내셔서 교회를 세우십니다.

### (2) 예수 그리스도의 몸

**로마서 12:5**  이와 같이 우리 많은 사람이 그리스도 안에서 한 몸이 되어 서로 지체가 되었느니라

교회는 하나님께서 예수 그리스도의 이름으로 부르셔서 예수의 피

로 구속하여 그리스도의 몸에 붙이신 자들의 모임입니다. 따라서 교회는 그리스도의 몸입니다.[65] 교회가 그리스도의 몸이면 교회의 머리는 그리스도요, 몸의 각 지체는 성도들입니다. 따라서 지체인 성도들은 머리인 예수 그리스도에게 전적으로 순종하고, 성도들이 그리스도의 명령에 순종하는 것이 건강한 교회를 이루는 비결입니다. 그리고 지체인 성도들은 그리스도를 머리로 하여 서로 한 몸을 이루고 있기 때문에 서로 돌아보아 생명으로 교제를 이루어 가야 합니다.

### (3) 성령의 전

**에베소서 2:21-22** 그의 안에서 건물마다 서로 연결하여 주 안에서 성전이 되어 가고 너희도 성령 안에서 하나님이 거하실 처소가 되기 위하여 그리스도 예수 안에서 함께 지어져 가느니라

교회는 성령의 전입니다. 교회는 구약 시대부터 존재해 왔지만 성령께서 오심으로써 온 세상에 그 실체를 확연히 드러냈고, 온 세상에 세워지기 시작했습니다. 오순절에 오신 성령께서는 교회를 자신의 거할 집으로 삼으시고, 교회 활동을 통해 자신의 존재를 세상에 드러내

---

**65** 고린도전서 12:12 "몸은 하나인데 많은 지체가 있고 몸의 지체가 많으나 한 몸임과 같이 그리스도도 그러하니라"

시며, 교회가 영생을 이루어 가게 인도하십니다. 이처럼 교회에 거하시는 성령께서는 개개인 그리스도인 안에 내주하심으로써 개개인을 성령님과 연합시켜 영생을 주십니다.

한 교회가 성령의 전으로서의 교회라는 증거는 교회에 속한 성도 각 사람이 자기에게 부여된 성령의 은사에 분명히 응답함으로써 나타납니다. 성령의 은사 없이는 어느 누구도 그리스도의 교회에 들어오지 못합니다. 따라서 성도 각 사람은 자신의 은사가 무엇인지를 분명히 알고, 그 은사에 따라 교회를 섬길 때 그곳에 영생이 있습니다. 성령께서 은사를 주신 근본적인 목적은 은사를 통해 교회를 세우는 데 있기 때문입니다.

### (4) 종으로서의 교회

고린도후서 4:5 우리는 우리를 전파하는 것이 아니라 오직 그리스도 예수의 주 되신 것과 또 예수를 위하여 우리가 너희의 종 된 것을 전파함이라

구약 교회인 이스라엘은 '하나님을 섬기는 종'이라는 기능이 있었습니다. 여호와 하나님께서는 이스라엘이 애굽에서 나와야 하는 목적

이 여호와 하나님을 섬기기 위함임을 분명히 밝히셨습니다.[66] 신약 교회도 하나님을 섬기기 위해 부름받았습니다. 이처럼 교회는 하나님을 섬기는 종의 사명을 수행하는 공동체입니다. 먼저 교회는 하나님을 섬깁니다. 하나님께 드리는 예배, 기도, 찬양 등이 교회가 하나님을 섬기는 방법입니다. 그리고 교회는 성도들을 섬깁니다. 성도를 섬긴다는 것은 성도의 기쁨과 슬픔에 적극적으로 동참한다는 것이며, 도움을 필요로 하는 가난한 성도를 돌보는 것입니다. 하나님께서는 성도가 성도를 서로 섬기는 것을 하나님을 섬기는 것과 동일하게 여기십니다. 성도는 세상을 섬기는 자입니다. 세상을 향해 복음을 전하는 것, 구제에 힘쓰는 것이 세상을 섬기는 방식입니다. 교회는 하나님과 형제와 세상을 섬기는 종으로 부름받았습니다.

### (5) 성도의 어머니로서의 교회

**요한복음 10:9** 내가 문이니 누구든지 나로 말미암아 들어가면 구원을 받고 또는 들어가며 나오며 꼴을 얻으리라

성도는 하나님의 말씀을 먹고 살아갑니다. 그런데 교회는 말씀을

---

**66** 출애굽기 8:1 "여호와께서 모세에게 이르시되 너는 바로에게 가서 그에게 이르기를 여호와의 말씀에 내 백성을 보내라 그들이 나를 섬길 것이니라"

소유하는 방법을 가르치며 신앙을 유지하고 지탱하는 법을 가르치는 유일한 곳입니다. 교회만이 진정으로 성도를 건강하게 양육할 수 있습니다. 왜냐하면 예수님께서 이 땅 위에 세우신 유일한 기관이 교회요, 천국 열쇠를 주신 곳이 교회이기 때문입니다. 성도는 오직 교회로 말미암아 들어가면 구원을 얻고, 또한 들어가며 나오며 꼴을 얻습니다. 성도가 교회를 떠나 성도의 교제를 이루지 아니하면 신앙을 유지할 수 없습니다. 이 때문에 교회를 떠나서는 구원이 없는 것입니다. 이러한 면에서 교회를 성도의 어머니라고 합니다. 모든 성도는 교회의 품에 있음으로써 그 구원의 궁극적 완성을 보장받을 수 있습니다.

## (6) 그리스도 사역의 완성

**사도행전 20:28** 여러분은 자기를 위하여 또는 온 양 떼를 위하여 삼가라 성령이 그들 가운데 여러분을 감독자로 삼고 하나님이 자기 피로 사신 교회를 보살피게 하셨느니라

예수 그리스도께서는 이 땅에 교회(敎會)를 세우심으로써 자신의 공생애 사역을 마치셨습니다. 예수님은 베드로가 신앙고백을 했을 때 그에게 말씀하시기를, "… 내 교회를 세우리니 … ."(마 16:18-19)[67]라고

---

**67** 마태복음 16:18-19 "또 내가 네게 이르노니 너는 베드로라 내가 이 반석 위에 내 교

하셨습니다. 하나님께서는 교회를 예수 그리스도의 핏값을 지불하고 사셨습니다. 즉 예수 그리스도가 십자가에서 흘린 보배 피로 인해 교회가 세워진 것입니다.

### 3. 교회의 성격적 특성

#### (1) 전투하는 교회

교회가 이 땅에 존재하는 한 죄와 악에 대해 투쟁하는 것을 근본 특성으로 합니다. 왜냐하면 교회는 거룩하기 때문입니다. 거룩이란 죄를 미워하고 죄를 끊어 버리는 것입니다. 교회는 예수 그리스도의 몸이니 거룩하고, 교회가 거룩하니 성도는 거룩을 지키기 위해 죄와 악에 대해 싸울 수밖에 없습니다. 교회가 죄악된 세상과 싸우는 것은 총과 칼을 들고 싸우는 것이 아니라 하나님의 거룩한 말씀을 선포함으로써 싸우는 것입니다.

#### (2) 승리한 교회

이 땅의 교회가 마귀들을 대항하여 싸우는 교회라면, 하늘에 있는

---

회를 세우리니 음부의 권세가 이기지 못하리라 내가 천국 열쇠를 네게 주리니 네가 땅에서 무엇이든지 매면 하늘에서도 매일 것이요 네가 땅에서 무엇이든지 풀면 하늘에서도 풀리리라 하시고."

교회는 모든 선한 싸움을 마치고 안식하는 승리한 교회입니다. 이 땅
에 사는 동안 주 예수의 이름으로 죄악과 투쟁하며 믿음을 지키고 살
았던 성도들이 가는 곳이 승리한 교회입니다. 승리한 교회를 가리켜
낙원 또는 천국이라고도 합니다. 하늘의 교회에서는 창과 칼이 승리
의 종려나무로 바뀔 것이며, 전투의 함성인 기도와 찬송은 성도들의
생명 면류관으로 바뀔 것입니다. 승리한 교회는 죄와의 투쟁이 끝나
고 고통이 사라진 완전해진 교회입니다. 성도 여러분! 승리한 교회가
우리 앞에 기다리고 있습니다. 이 땅에 사는 동안 선한 싸움을 힘써
싸우도록 합시다.

### (3) 보이지 않는 교회

보이지 않는 교회란 본질적 교회를 말하는데 완전한 교회로서의
"성전"을 의미합니다. 보이지 않는 교회를 불가시적 교회, 무형 교회
라고도 합니다. 보이지 않는 교회란 구약 교회와 신약 교회, 국경을
초월하여 온 세상에 존재하는 교회를 포함하여 구원받은 모든 성도의
무리와 앞으로 구원받을 성도까지를 포함한 전 우주적 교회를 말합니
다. 따라서 보이지 않는 교회는 하나님 나라와 동일한 의미를 지닌다
고 할 수 있습니다. 이 교회는 완전한 그리스도의 몸이요, 성도들의
완전한 모임입니다. 이 교회는 현재 완성을 향해 나아가고 있으며, 예
수 그리스도의 재림으로 완전히 이루어질 것입니다.

## (4) 보이는 교회

유형 교회란 이 땅에 있는 조직 교회를 말합니다. 그리스도와 신비적으로 연합되어 보이지 않는 우주적 교회에 속한 성도들은, 그 신앙을 보이는 형태인 이 땅 위의 조직 교회를 통해 표현합니다. 이렇게 성도들이 신앙고백과 신앙행위 그리고 예배를 통해, 교회의 정치를 위해 외형적인 형태로 조직됩니다. 조직된 교회는 교회로 존재하는 모습을 지역적으로 드러내는데 이를 유형 교회, 가시적 교회라고도 합니다. 보이는 교회는 그 안에 가라지와 쭉정이도 섞여 있기 때문에 불완전한 교회입니다. 얼핏 봐서는 누가 구원을 받고, 누가 구원을 받지 않았는지 사람의 판단으로 구별이 잘 안 가는 교회입니다. 오늘이 땅에 조직을 갖추어 보이는 형태로 존재하는 모든 교회를 보이는 교회라고 합니다.

## 4. 교회의 역사

### (1) 족장 시대의 교회

이스라엘이라는 국가 형태의 교회가 생기기 이전의 교회를 족장 시대의 교회라고 합니다. 족장 시대 교회의 두드러진 특징은 가정 교회였다는 점입니다. 이 시대의 교회적 특성은 경건한 가정에서 잘 표현되고 있습니다. 가정 교회에서는 가장이 제사장 역할을 했습니다. 처음으로 하나님께 제사를 드린 사람은 아담입니다. 아담의 제사는 가인과 아벨을 비롯하여 그의 후손에게 계속해서 전수되었을 것입니다. 노아의 가정이 하나님의 교회였으며, 그 후에 아브라함의 가족, 이삭의 가족으로 전달되었습니다. 특히 야곱의 가족은 상당히 규모가 커진 가정 교회였으며, 열두 자녀들을 통해 이스라엘 12지파인 구약 교회의 기초를 다지는 역할을 담당했습니다.

### (2) 국가 단위의 교회

모세가 출애굽함으로써 생겨난 이스라엘은 가정 교회의 범위를 넘어 국가 단위의 교회가 되었습니다. 단위는 국가적이었지만 여전히 이스라엘은 교회였습니다. 이스라엘은 국가로 존재한 것이 아니라 교회로 존재했습니다. 우리는 이스라엘을 신정 국가라고 합니다. 하나님께서 손수 다스리시는 국가라는 것이지요. 이스라엘 전체가 그냥 하나의 교회였던 것입니다.

### (3) 신약 시대의 교회

예수 그리스도의 부활 이후 오순절 성령강림으로 형성된 교회는 이제 이스라엘이라는 한 국가 단위의 교회가 아니라 전세계적 규모의 교회로 발전합니다. 신약 교회는 국가적 이스라엘이라는 울타리를 완전히 초월해 버렸습니다. 그리고 그 범위를 전세계로 확장했습니다. 따라서 신약 시대는 국가와 교회가 일치하지 않았습니다. 정부 형태

와 상관없이 교회가 어느 나라에나 존속하는 것입니다. 신약 시대의
교회는 국가 교회가 아니므로 선교하는 교회입니다. 하나님께서 세상
의 모든 인류를 구원하시기로 작정한 것이 선교의 근거입니다.

### 5. 교회와 하나님 나라

　구약의 이스라엘은 하나님 나라였습니다. 결코 나라를 이룰 가능성
이 없었던 아브라함의 후손이 하나님의 은혜로 큰 민족을 이루었습니
다. 노예 상태에 있던 이스라엘을 애굽에서 해방시킨 분도 하나님이
셨습니다. 하나님께서는 하나님 나라인 이스라엘에게 하나님 나라의
법인 십계명을 비롯한 법을 정하시고, 하나님께서 스스로 간섭하시면
서 다스리셨습니다. 이스라엘의 왕은 세속의 왕과는 달리 하나님의
종이었을 뿐입니다. 그런데 이 구약의 이스라엘은 교회였다고 스데반
은 밝히고 있습니다.[68]
　이스라엘은 하나님 나라이자 교회였습니다. 신약 교회는 구약의 이
스라엘을 대신하는 새 이스라엘입니다. 그리고 새 하나님 나라입니
다. 새 하나님 나라는 이스라엘이라는 한 나라에 제한된 것이 아니라

---

**68**　사도행전 7:38 "시내 산에서 말하던 그 천사와 우리 조상들과 함께 광야 교회에 있
　　었고 또 살아 있는 말씀을 받아 우리에게 주던 자가 이 사람이라."

온 세상에 침투하여 세워지는 거대한 하나님 나라입니다. 물론 하나님 나라는 예수 그리스도의 재림으로 완성될 것입니다. 그러나 이 땅에 세워진 교회는 하나님 나라입니다. 교회처럼 하나님의 다스리심을 받기를 즐거워하는 곳은 없습니다.

### 함께 나누어요

1. 왜 교회를 성도의 어머니라고 할까요?

2. 교회와 하나님 나라의 관계를 말해 봅시다. .

# 16과
# 거룩한 교회를 믿습니다 (2)

## 교회가 하는 일

### 1. 예배

**사도행전 2:42** 그들이 사도의 가르침을 받아 서로 교제하고 떡을 떼며 오로지 기도하기를 힘쓰니라

사도행전 2장에 나오는 초대 교회인 예루살렘 교회는 교회가 무슨 일을 했는지 잘 말해 주고 있습니다. 교회가 하는 가장 중요한 일은 하나님께 예배드리는 일입니다. 우리가 사는 세상에는 바쁘고 급한 일이 많지만 예배보다 더 바쁘고 급한 일은 없습니다. 초대 교회 성도들은 날마다 모여서 예배를 드렸습니다.[69] 모여서 "떡을 떼며"라는 표

---

[69] 사도행전 2:46 "날마다 마음을 같이하여 성전에 모이기를 힘쓰고 집에서 떡을 떼며

현이 예배를 가리키는 말입니다.


## 2. 교육

**사도행전 17:11** 베뢰아에 있는 사람들은 데살로니가에 있는 사람들보다 더 너그러워서 간절한 마음으로 말씀을 받고 이것이 그러한가 하여 날마다 성경을 상고하므로

초대 교회는 사도의 가르침을 받았습니다. 교회 성도들은 어머니인 교회 안에서 잘 배워야 합니다. 교회 성도들은 교회에서 평생을 배워야 합니다. 신사적인 베뢰아 교회의 성도들은 배우는 일에 본을 보였습니다. 성도들은 교회에서 가르치는 기회가 있을 때마다 배우기를 힘써야 합니다. 하나님께서는 말씀을 배우는 자를 기뻐하십니다. 하나님의 학교에는 입학은 있으되 졸업은 없으니 계속해서 배워야 합니다. 잘 배워서 진리에 따라 살고 기회가 되는대로 부지런히 가르쳐야 합니다.

---

기쁨과 순전한 마음으로 음식을 먹고"

## 3. 봉사

**마가복음 10:45** 인자가 온 것은 섬김을 받으려 함이 아니라 도리어 섬기려 하고 자기 목숨을 많은 사람의 대속물로 주려 함이니라

봉사는 교회와 성도들을 섬기는 일입니다. 교회의 한 지체로서 성도들의 형편을 돌볼 뿐만 아니라 교회에 있는 여러 기관에서 섬겨야 합니다. 성도들은 가정과 사회에서도 섬기는 자로 살아야 합니다. 주님도 섬기러 오셨고, 목숨을 바쳐 섬기셨습니다. 성도들도 주님처럼 섬겨야 합니다. 성도의 신앙은 봉사를 통해 자라며 봉사함으로 복을 받습니다. 봉사라고 해서 어렵게 느낄 필요가 없습니다. 자신이 받은 것으로 이웃을 위해 베풀고 섬기면 됩니다.

## 4. 전도(선교)

**사도행전 28:30-31** 바울이 온 이태를 자기 셋집에 머물면서 자기에게 오는 사람을 다 영접하고 하나님의 나라를 전파하며 주 예수 그리스도에 관한 모든 것을 담대하게 거침없이 가르치더라

복음 전도의 경전인 사도행전은 바울이 로마에서 복음을 전하고 있는 모습을 마지막으로 하여 끝나고 있습니다. 하나님의 최대 관심은 영혼을 구원하는 일입니다. 예수님의 지상명령이 전도입니다. 영혼 구원은 전도를 통해서만 이루어집니다. 성도들은 전도의 미련한 것으로 영혼을 구원하는 일에 최고의 노력을 기울여야 합니다. 사도행전 28장은 로마에서 끝이 났지만 우리 교회를 통해 사도행전 29장은 계속되고 있습니다. 여러분도 사도행전 29장에 참여하고 있는 사람들입니다.

## 5. 성도의 교제

**사도행전 2:42** 그들이 사도의 가르침을 받아 서로 교제하고 떡을 떼며 오로지 기도하기를 힘쓰니라

교회는 하나님의 거룩한 백성이 모여 교제를 나누는 곳입니다. 교회의 교제는 사회적인 사교 활동이 아닙니다. 하나님을 중심으로 한 생명을 나누는 교제입니다. 하나님의 한 가족으로서 서로를 위한 사랑의 교제입니다. 성도는 성도의 교제를 소중히 여겨야 합니다.

## 교회에서 성도의 임무

### 1. 성도의 자격

**마태복음 16:16** 시몬 베드로가 대답하여 이르되 주는 그리스도시요 살아 계신 하나님의 아들이시니이다

누구든지 교회에 나올 수는 있지만 아무나 교회의 정식 회원이 되는 것은 아닙니다. 교회에 출석하여 일정한 교육과 훈련을 받고 교회의 모든 회원 앞에서 정식으로 신앙을 고백하면 됩니다.

### 2. 성도의 임무

교회는 이 땅에 있는 하나님 나라입니다. 교회의 정식 회원이 된다는 것은 곧 하나님 나라의 백성이 된다는 것입니다. 교회 회원이 되면서부터 우리의 시민권은 이 땅에 있지 않고 천국에 있습니다.[70]

---

[70] 빌립보서 3:20 "그러나 우리의 시민권은 하늘에 있는지라 거기로부터 구원하는 자 곧 주 예수 그리스도를 기다리노니"

**(1) 교회의 전통과 교회가 정한 규범을 따라야 합니다**

**사도행전 2:42** 그들이 사도의 가르침을 받아 서로 교제하고 떡을 떼며 오로지 기도하기를 힘쓰니라

대한민국 사람은 대한민국 법을 지키며 살듯이 하나님 나라의 백성은 마땅히 하나님 나라의 법을 지키며 살아야 합니다. 즉 교회가 가르치는 여러 가지 신앙생활의 규범에 잘 순종하는 것이 하나님 나라의 백성된 성도의 삶입니다. 성도들이 교회의 규범에 순종하며 살 때 풍성한 축복을 받습니다.

**(2) 교회의 집회에 잘 참석해야 합니다**

**사도행전 2:46** 날마다 마음을 같이하여 성전에 모이기를 힘쓰고 집에서 떡을 떼며 기쁨과 순전한 마음으로 음식을 먹고

교회에는 전 성도가 모이는 주일예배가 있으며, 수요예배, 새벽기도회, 금요기도회, 구역회, 각 기관별 회의 등이 있습니다. 전체 성도들이 모이는 주일예배는 반드시 참석하려니와, 자기와 관련 있는 집회에도 성실하게 출석해야 합니다. 모이기를 힘쓰는 것이 하나님이

기뻐하시는 바요, 성도의 본분입니다.**71**  하나님께서는 두세 사람의 성도가 주의 이름으로 모여도 거기에 관심을 갖고 지켜 보시며 은혜를 베푸십니다.**72**

**(3) 교회가 하는 일에 적극 협조해야 합니다**

**베드로전서 4:10**  각각 은사를 받은 대로 하나님의 여러 가지 은혜를 맡은 선한 청지기 같이 서로 봉사하라

참으로 성도들은 자원하는 마음으로 교회가 하는 일에 협력해야 합니다. 교회가 하는 일이 곧 하나님 나라의 일이기 때문입니다. 교회에서 요청하는 일은 물론이고 본인이 알아서 교회를 섬기는 것이 중요합니다. 교회는 즐겨 헌신하는 성도들을 통하여 세워져 가는 것입니다. 물론 이때에 교회가 하나님 말씀에 순종하는 바른 교회라야 한다는 사실이 전제됩니다.

---

**71**  히브리서 10:25 "모이기를 폐하는 어떤 사람들의 습관과 같이 하지 말고 오직 권하여 그 날이 가까움을 볼수록 더욱 그리하자"

**72**  마태복음 18:20 "두세 사람이 내 이름으로 모인 곳에는 나도 그들 중에 있느니라"

## 3. 성도들이 받는 축복

**고린도후서 13:13** 주 예수 그리스도의 은혜와 하나님의 사랑과 성령의 교통하심이 너희 무리와 함께 있을지어다

성도들은 오직 교회를 통해서만 하나님께서 베푸시는 풍성한 은혜의 복을 받습니다. 성도들이 받는 복은 교회의 사명을 잘 감당하는 것과 관계가 있습니다. 교회를 통해 악에서 보호받습니다. 교회를 통해 세상을 이길 힘과 지혜를 얻습니다. 교회를 통해 가정이 복을 받습니다. 아내가, 남편이, 자녀가 복을 받습니다. 참으로 성도들은 교회에 충성을 다해야 합니다. 교회를 통해 받을 복이 너무도 크고 소중하기 때문입니다.

### 교회의 표시

보이는 교회는 참 교회와 거짓 교회를 구별하는 세 가지 근본적인 특징이 있습니다. 이것은 교회를 교회되게 하는 것들인데 말씀의 선포와 성례의 집행, 권징의 시행입니다. 이 세 가지는 결국 하나인데 하나님 말씀을 신실하게 지키는 것이라고 할 수 있습니다.

## 1. 말씀의 참된 전파

**요한복음 14:23** 예수께서 대답하여 이르시되 사람이 나를 사랑하면 내 말을 지키리니 내 아버지께서 그를 사랑하실 것이요 우리가 그에게 가서 거처를 그와 함께 하리라

말씀의 참된 전파는 교회의 가장 중요한 표시입니다. 교회는 말씀 전파에 의해 설립되고 존속합니다. 물론 교회에서 전파되는 말씀은 예수 그리스도께서 이루신 일과 예수 그리스도의 인격이 그 중심 내용이 됩니다. 만약 말씀을 전파하되 예수 그리스도의 하나님 되심, 예수 그리스도의 사람 되심, 예수 그리스도의 동정녀 탄생, 예수 그리스도의 십자가 죽음과 부활, 예수 그리스도의 재림 등 기독교의 기본 진리 중 어느 한 가지라도 부인한다면 그것은 참 교회가 아닙니다. 말씀 전파가 교회의 표지인 것과 마찬가지로 말씀 전파는 성도의 표시이기도 합니다. 성도들은 하나님의 말씀을 전하는 일을 통해 자신이 하나님의 자녀임을 증거합니다.

## 2. 성례의 올바른 시행

**마가복음 16:15-16** 믿고 세례를 받는 사람은 구원을 얻을 것이요 믿지 않는 사람은 정죄를 받으리라 믿는 자들에게는 이런 표적이 따르리니 곧 그들이 내 이름으로 귀신을 쫓아내며 새 방언을 말하며

세례와 성만찬이 올바르게 시행되고 있다면 그곳은 바른 교회입니다. 물론 성례가 하나님 말씀보다 앞설 수는 없습니다. 성례는 반드시 하나님 말씀으로 해석하며 시행되어야 합니다. 천주교에서는 하나님 말씀 신포 없이도 성례의 자체적인 효과가 있다고 주장하지만 말씀 선포 없이 이루어지는 성례는 미신적이 되고 맙니다. 성례는 눈으로 보이는 말씀 선포이기 때문에 반드시 그 의미를 해석할 때 효과가 있습니다.

## 3. 권징의 신실한 수행

**마태복음 18:18** 진실로 너희에게 이르노니 무엇이든지 너희가 땅에서 매면 하늘에서도 매일 것이요 무엇이든지 땅에서 풀면 하늘에서도 풀리리라

권징은 징계라고도 합니다. 권징은 교회의 순수성을 유지하고 성례의 거룩성을 보호하기 위해서 합니다. 그뿐만 아니라 권징은 범죄한 당사자에게도 매우 소중한 은혜의 방편입니다. 범죄한 성도들은 권징을 통해 회개의 기회를 얻기 때문입니다. 교회의 권징은 곧 하나님의 권징과 동일한 것이기에 권징을 소홀히 여기면 안 됩니다.

### 함께 나누어요

1. 교회가 하는 일이 무엇인지를 써 봅시다.

2. 교회와 하나님 나라의 관계를 말해 봅시다.

3. 교회가 하는 일에 어떻게 참여할 수 있을까요?